RECVEIL DE QVELQVES EDITS, ORDONNANCES, DECLARATIONS ET REGLEMENS,

DES ROIS FRANÇOIS I. HENRY II. HENRY III. HENRY IV. & LOUIS XIII.

CONCERNANS LES DROITS des Cinq Groſſes Fermes de France, & autres y jointes.

Verifiez où beſoin a eſté.

A PARIS,
Chez THOMAS CHARPENTIER, à l'entrée du Quay de Gévre, prés le Pont au Change, à l'Enſeigne du Paradis.

M. DC. LXXII.

ORDONNANCE DU ROY FRANÇOIS PREMIER,

Donnée à Tonnerre, le 20. Avril 1542.

FRANÇOIS PAR LA GRACE DE DIEU, ROY DE FRANCE : A tous ceux qui ces presentes Lettres verront, Salut. COMME de tout temps d'ancienneté nos predecesseurs Rois ayent accoustumé lever douze deniers pour livre, sur toutes denrées & Marchandises sortans hors nos Royaume, Païs, Terres & Seigneuries, ou transportées en nos Païs & és lieux où nos Aydes n'ont aucun cours, lequel droict est vulgairement appellé Imposition foraine ; & en outre, quatre deniers pour livre, & cinq sols parisis és lieux de parisis, & cinq sols tournois és Païs de tournois, pour queuë de Vin, que l'on appelle droict de Resve en aucuns lieux, & és autres Domaine forain; aussi sept deniers pour livre sur aucunes especes de Marchandises declarées en nos anciennes Ordonnances, que l'on nomme aussi droict de Haut passage ; le tout suivant les Loix, Constitutions & Statuts de nostredit Royaume. Et Nous estans par cy-devant advertis, que lesdits droicts, tant par negligence de nos Officiers, que pour avoir esté longuement en mains de Fermiers, s'estoient grandement diminuez, & pourroient encore plus cy-aprés, à cause de plusieurs abus & fraudes qui y ont esté commis, tant par nos propres Subjets, qu'Estrangers : Et aussi parce que plusieurs Villes, Communautez ou particuliers, par intelligence qu'ils avoient avec nosdits Fermiers, s'estoient voulu exempter desdits droits : Aussi qu'en beaucoup de lieux & endroits de nostredit Royaume, pluſieurs Marchands, tant de noſdits Subjets, qu'Eſtrangers, eſtoient grandement vexez & moleſtez par pluſieurs rigueurs, provenans de la cupidité & avarice deſdits Fermiers. Pour à ce donner ordre; deſirans ſur toutes choſes le ſoulagement de noſdits Subjets, & le commerce, negociation & trafic de Marchandiſes eſtre entretenus en la plus grande liberté que faire ſe pourra entre noſdits Subjets & leſdits Eſtrangers, ſans infraction des Ordonnances & Statuts, tant de noſdits Predeceſſeurs, que de Nous: Voulans auſſi obvier & pourvoir auſdites fraudes & abus calomnieuſement inventez, tant par les noſtres qu'Eſtrangers, pour l'abolition ou diminution de noſdits droicts, euſſions dés le 25. jour de Novembre de l'an 1540. par bon advis & deliberation, ſtatué & ordonné par noſdites Lettres d'Edict, que noſtredit droict d'Impoſition foraine ſeroit cueilly & levé ſous noſtre main, & ſelon la forme contenuë eſdites anciennes Ordonnances ſur ce faites, afin que par Nous fuſt entenduë exactement l'origine & ſource deſdits abus, & pour connoiſtre ſi avec plus grande facilité & commodité de noſdits Subjets & Eſtrangers, noſtredit droict ſe pouvoit lever: Et toſt aprés l'execution dudit Edict, les Marchands de noſtredit Royaume, Nous auroient humblement remonſtré, que par leſdites anciennes Ordonnances, les Conducteurs deſdites denrées & Marchandiſes, avant que de partir des lieux où elles eſtoient chargées, ſont tenus de payer ledit droict, ou bailler Caution de rapporter certification dedans certain temps prefix, comme leſdites Marchandiſes auroient eſté eſchangées ou venduës en noſtredit Royaume, & és lieux d'iceluy où noſdites Aydes ont cours; tellement qu'il ne leur eſtoit permis d'embaler les trouſſeaux ou fardeaux deſdites Marchandiſes, ſans prealablement avoir ſommé noſtre Receveur ou Fermier, ou ſon Commis, pour voir, viſiter & eſtimer le contenu en iceux fardeaux ou trouſſeaux, & recevoir le payement ou Caution ſuſdite; ce qui leur eſtoit de grande incommodité, tellement que par ſucceſſion de temps, elle pourroit donner occaſion à pluſieurs Marchands de ſecrettement tranſporter leurſdites Marchandiſes, & Nous defrauder de noſdits droicts: Au moyen dequoy, combien que noſtredit droict en peut grandement diminuer, neantmoins à leur tres inſtante requeſte & ſupplication, & en attendant pour quelque temps de voir en quelle fidelité & loyauté ſe porteroient leſdits Marchands envers Nous, pour le payement de noſtredit droict, aurions dés le dixiéme jour de Juin dernier passé, ordonné nostredit droict d'Imposition foraine estre seulement levé aux extremitez de nostre Royaume, & és lieux esquels nos Aydes n'ont cours, & qu'en icelles extremitez seroient establis Maistre Ports & Gardes, & certains lieux determinez pour le passage & transport desdites Marchandises, & que selon ledit premier Edict du 25. jour de Novembre, toutes les denrées & Marchandises, communément sortans, seroient appreciées, evaluées & estimées à certains prix limitez, afin que lesdits Marchands fussent certains de ce qu'ils devroient payer pour muid, pour cent, pour balle, ou pour charge de toutes sortes de Marchandises : Pour faire laquelle appreciation, eussions dés le 26. jour de Novembre 1540. par nos Lettres Patentes deputé aucuns de nos Officiers de nostre Ville de Paris, lesquels en la compagnie d'aucuns Marchands Bourgeois de ladite Ville, auroient procedé à faire l'appreciation desdites Marchandises, ainsi qu'ils auroient lors advisé, pour la grande commodité & advantage desdits Marchands, comme il Nous est apparu par leur Procez verbal du 20. jour de Juillet 1541. dernier passé. Et combien que ladite appreciation soit grandement à nostre desavantage, & lesdites Marchandises ne soient prisées à la moitié de ce qu'elles peuvent valoir, tellement que nostredit droict d'Imposition, qui est de cinq pour cent, ne reviendroit pas à deux & demy; toutesfois desirans avec nostre grande & évidente perte, connoistre la fidelité & loyauté qui Nous sera gardée cy-aprés par lesdits Marchands au payement de nosdits droicts, & leur donner matiere de n'y commettre aucunes fraudes ny abus, en les relevant tant de la moitié dudit payement & plus, que de la fatigue & moleste que nos Receveurs, Fermiers ou Commis leur eussent pû donner, selon la forme desdites anciennes Ordonnances, en faisant estimer toutes leursdites Marchandises toutes & quantesfois qu'il faudroit acquitter nostredit droict; & en ce faisant, les contraindre à débaler & aulner les Draps, Toiles, & autres Marchandises qui ont accoustumé d'estre aulnées, peser celles qui sont sujettes à poids, mesurer celles qui sont sujettes à la mesure, comme Bleds, grains, & autres, taster & essayer des Vins & autres breuvages, & les faire payer à la raison du vray prix d'icelles Marchandises, suivant lesdites anciennes Ordonnances; chose qui doit donner grand contentement ausdits Marchands, tant pour la grande & évidente utilité qu'ils en rapportent, quand par Nous est diminué plus de la moitié de nostredit droict, que pour estre soulagez & relevez de garder la forme de nosdites anciennes Ordonnances, qui leur estoit grandement dommageable, & de grand retardement au cours de leurs Marchandises.

SÇAVOIR faisons, Que pour les causes dessusdites, & pour l'esperance que Nous avons, que lesdits Marchands, pour le grand bien qu'ils reçoivent de Nous, par le contenu de ces presentes, Nous garderont fidelité & loyauté au payement de nosdits droicts, & n'y commettront aucunes fraudes, fautes ny abus: PAR l'advis & deliberation des Princes de nostre Sang, Gens de nostredit Conseil, estans lez nostre Personne, & autres; AVONS, de nostre certaine science, pleine puissance & Authorité Royale, voulu, statué & ordonné, voulons, statuons & ordonnons, & Nous plaist, que nosdits droicts d'Imposition foraine, Resve, Domaine forain, & Haut passage, seront doresnavant levez & cueillis sous nostre main sur lesdites denrées & Marchandises, selon lesdites appreciations & évaluations, qui seront cy-aprés declarées, & en la forme & maniere qui s'ensuit: Le tout par maniere de provision, & jusqu'à ce que par Nous autrement en soit ordonné, sans que cette presente forme puisse estre tirée à consequence à l'encontre de Nous, & nosdits droicts: Voulans que lesdits Marchands soient tenus & contrains à payer nosdits droicts par provision, selon lesdites appreciations, & non autrement, jusqu'à ce qu'autrement en ayons ordonné.

PREMIEREMENT.

ET pource que les especes des denrées & Marchandises, qui peuvent estre tirées hors de nostredit Royaume, Païs & Seigneuries, sont diverses, & seroit mal-aysé & quasi impossible les declarer & exprimer entierement: Voulons & ordonnons, que s'il advient qu'il en soit tirées aucunes qui ne soient cy-dessus appreciées & estimées, les Commis & Deputez aux Villes & lieux des extremitez de nostredit Royaume, à l'issuë d'iceluy, les apprecient & évaluënt moderément; & pour ce faire, appellent avec eux gens à ce connoissans & experts, nostre Procureur ou son Substitut, si nosdits Commis voyent que bon soit de l'appeller, & feront acquitter lesdites denrées & Marchandises ainsi appreciées & estimées comme dessus; & celles qui seront par nosdits Commis, ainsi que dit eſt cy-deſſus, eſtimées & appreciées à raiſon de douze deniers tournois pour livre pour noſtre droict d'Impoſition foraine, & à raiſon de quatre deniers pour livre pour noſtre droict de Reſve, & ſept deniers pour livre pour noſtre droict de Haut paſſage, ſur les denrées & Marchandiſes qui ſont ſujettes à payer ledit droict de Haut paſſage, en enſuivant les Ordonnances de nos predeceſſeurs Rois de France, & de Nous. Laquelle appreciation cy-devant contenuë & ſpecifiée, Nous voulons eſtre obſervée, gardée & entretenuë par tout noſtre Royaume, Païs, Terres & Seigneuries, par maniere de proviſion, comme dit eſt; & qu'à cette fin tous les poids & meſures dont l'on a accouſtumé uſer en noſtredit Royaume, Païs & Seigneuries, ſoient reduites & évaluées au poids & meſure de noſtredite Ville de Paris, par nos Officiers qui auront charge de faire lever & recevoir noſdits droicts, ou autres, & pour ce faire leur ſeront portez & envoyez meſures & poids eſtalonnez ſur les meſures & poids de noſtredite Ville; toutesfois s'il ſe trouve quelque doute ou difficulté ſur quelques articles de ladite appreciation, pour la diverſité des prix d'un lieu à l'autre. Nous en ſerons advertis par noſdits Officiers, auſquels Nous enjoignons d'y regarder ſoigneuſement & diligemment; & auſſi ſe pourront retirer pardevers Nous leſdits Marchands, ſi bon leur ſemble Nous en advertir, & faire remontrances, pour y pourvoir, ainſi que verrons eſtre à faire.

II.

Lequel droict d'Impoſition foraine avons ordonné eſtre levé & cueilly ſeulement aux extremitez de noſtredit Royaume, Païs, Terres & Seigneuries, ſuivant ce qui a eſté par Nous ordonné ledit dixiéme jour de Juin dernier. Et pource que les Manans & Habitans des Provinces & lieux eſquels noſdites Aydes n'ont aucun cours, ſont tenus payer noſtredit droict d'impoſition des denrées & Marchandiſes qui ſont par eux décenduës, menées & conduites des autres lieux & endroits contribuables, & ſujets auſdites Aydes; Nous ordonnons auſdits Manans & Habitans, de comparoir pardevant Nous en noſtredit Conſeil, dedans ſix mois, à compter du jour de la publication de ceſdites preſentes, pour venir declarer s'ils veulent eſtre doreſnavant ſujets à noſdites Aydes, ou payer ledit droict d'impoſition, ſelon la forme deſdites anciennes Ordonnances; & cependant, par maniere de proviſion. Nous nous contenterons faire lever lesdits droicts aux extremitez desdits Païs, sortans hors de nostredit Royaume, pourveu toutesfois qu'où ils n'auroient fait ladite Declaration dedans six mois, où ne se seroient chargez par icelle de payer nosdites Aydes : ladite imposition sera levée à l'entrée desdits Païs, selon la forme desdites anciennes Ordonnances.

III.

AYANS entendu l'incommodité que lesdits Marchands, tant Regnicoles qu'Estrangers, ont eu où pû avoir jusques icy, de payer nostredit droict d'Imposition foraine en un lieu, le droict de Resve en l'autre, le droict de Haut passage en l'autre, pour une mesme Marchandise ; & desirans obvier à l'incommodité procedant du sejour & retardement, & leur donner la plus facile & prompte expedition que faire se pourra, ayans soigneusement cherché tous les moyens possibles, pour en levant nosdits droicts faire cesser les molestes & vexations qu'ils pourroient avoir au fait de leur negociation. AVONS voulu & ordonné, voulons & ordonnons, que nosdits droicts de Resve, qui est de quatre deniers pour livre, & cinq sols parisis és lieux de parisis, & cinq sols tournois és lieux de tournois, pour queuë de Vin, & Haut passage, qui est de sept deniers pour livre sur aucunes especes de Marchandises, soient levez sous nostre main aux extremitez de nostredit Royaume, Païs, Terres & Seigneuries, en la forme & maniere, comme dit a esté cy-dessus, que sera levé nostredit droict d'Imposition foraine, & par mesmes personnes, à la raison & appreciation dessusdite. Toutesfois s'il y avoit aucuns lieux ou endroits ausquels l'on ait accoustumé de payer lesdits droicts de Resve & Haut passage tels que dessus, du tout ou en partie, & que sous couleur de cette ancienne joüissance, ceux desdits lieux s'en voulussent exempter. Nous entendons que ceux qui pretendent ladite exemption, soient tenus de comparoir pardevant Nous en nostredit Conseil, dedans le temps de six mois, à compter comme dessus, pour dire les causes pour lesquelles ils pretendent icelle exemption ; & jusqu'à ce qu'il en ait esté determiné, ne seront contrains à payer lesdits droicts de resve & Haut passage, sinon ainsi qu'ils ont accoustumé par cy-devant.

IV.

POUR l'observation & entretenement du contenu en ces presentes, seront par Nous establis Maistres des Ports & Gardes aux extremitez

extremitez de noſtredit Royaume, Païs, Terres & Seigneuries, en tel nombre & en tels lieux qu'il ſera par Nous adviſé, afin d'obvier aux abus qui ſe pourroient commettre au recouvrement de noſdits droicts, d'Impoſition foraine, Reſve & Haut paſſage; auſſi pour empeſcher l'entrée & iſſuë des denrées & Marchandiſes prohibées & défenduës, & pour recevoir par les Gardes les acquis des Marchands de leurs denrées & Marchandiſes ſortans de noſtredit Royaume, & d'iceux faire bons Regiſtres pour ſervir de Controlle de ce qui en proviendra, & aprés iceux rapporter par leſdits Gardes auſdits Maiſtres des Ports, chacun en ſon endroit, comme il ſera cy-aprés declaré.

V.

Que és bonnes Villes eſtant aux limites & extremitez de noſtredit Royaume, qui ſeront plus commodes à la negociation des Marchands traficquans hors d'iceluy, ſeront certains lieux ordonnez pour lever noſdits droicts, les plus aiſez & convenables auſdits Marchands que faire ſe pourra; c'eſt à ſçavoir, és lieux eſquels l'on tranſporte leſdites Marchandiſes par terre, ſur les grands chemins ordonnez pour paſſer, & és lieux eſquels l'on tranſporte leſdites Marchandiſes par eauë, tant douce que ſalée, és Havres, Ports & Quais les plus frequentez & à propos que faire ſe pourra; Eſquels lieux les denrées & Marchandiſes levées en noſtredit Royaume, pour eſtre tranſportées hors d'iceluy, ſeront menées & conduits, pour y eſtre peſées, nombrées ou meſurées, ſelon leurs qualitez, & leſdits droicts acquittez, ſuivant l'appreciation, eſtimation, & forme cy-deſſus declarée.

VI.

Ne ſera loiſible auſdits Marchands, Voituriers, Conducteurs, ou autres perſonnes, faire paſſer ne conduire leſdites Marchandiſes par autres lieux, chemins ou endroits, que par leſdites Villes & lieux ordonnez pour cét effet, ſur peine de confiſcation deſdites Marchandiſes, & des charettes, mulets, batteaux, navires, & autres équipages, & d'amende arbitraire. Et declarons toutes autres voyes & chemins, que ceux qui ſeront ainſi ordonnez, comme dit eſt, obliques, faux paſſages & détournez, & ſujets audites amendes & confiſcations.

VII.

Esquelles Villes & lieux ordonnez & eſtablis pour conduire

lesdites Marchandises, & lever lesdits droicts, y aura poids ordonné de par Nous, qui sera poids de marc, dont la livre sera de seize onces, & mesures estalonnées, pareilles à celles dont l'on a accoustumé user en nostredite Ville de Paris, ainsi qu'il est dit cy-dessus.

VIII.

Esdites Villes & lieux seront commis & deputez de par Nous un ou deux bons personnages, ou plus, si métier est, & l'affluence desdites desdites denrées & Marchandises le requiert, pour icelles faire peser, nombrer ou mesurer, & aprés enregistrer, comme sera dit cy-aprés.

IX.

Lesdits Commis & deputez pour faire lesdits poids & mesures, chacun en son regard, feront bons & loyaux Registres, en la presence dudit Maistre des Ports, ou son Lieutenant, Receveur, ou son Commis, comme sera aussi dit cy-aprés, de toutes denrées & Marchandises qui seront conduites esdits lieux, & des noms & surnoms des Marchands ausquels elles appartiendront, ou des Voituriers & Conducteurs d'icelles, ensemble des poids, mesures & quantitez : Et seront icelles Marchandises, és presences desdits Commis & Deputez, & desdits Marchands & Conducteurs, si bon leur semble, pesées, nombrées ou mesurées, pour aprés faire lever par nostre Receveur nosdits droicts d'Imposition foraine, Resve & Haut passage, dont toutesfois sera fait Registre distinct & separé pour ce qui procedera de chacun desdits droicts respectivement; duquel Registre Nous sera, comme sera dit cy-aprés, de quartier en quartier, envoyé Extrait.

X.

Et à ce que lesdits Marchands & Conducteurs desdites Marchandises, sçachent & entendent ce qu'icelles Marchandises, pour le transport d'icelles hors nostredit Royaume, doivent payer pour chacun de nosdits droicts d'Imposition foraine, Resve & Haut passage, sera fait Roolle ou Tableau, contenant l'évaluation & appreciation desdites Marchandises, mis & attaché en lieu éminent de chacune Ville & lieu où seront levez nosdits droicts.

XI.

Esdites Villes & lieux qui seront designez, seront tenus de faire continuelle residence sans aucune faute, le Maistre des Ports, ou l'un de ses Lieutenans, desquels il répondra, le Receveur de nos Aydes és lieux où nos Aydes ont cours, ou l'un des Commis, duquel il répondra pareillement ; & és lieux où nos Aydes n'ont aucun cours, le Receveur de nostre Domaine, ou autre qui sera deputé par ceux qui seront par Nous commis pour l'establissement desdits Maistres des Ports, Lieutenans, Greffiers, Peseurs, Mesureurs & Gardes ; lequel Maistre des Ports ou son Lieutenant, Receveur ou son Commis, avec les Peseurs & Mesureurs dessusdits, feront continuelle residence, comme dit est cy-dessus, aux lieux determinez, pour peser, mesurer, ou nombrer lesdites Marchandises, afin de dépescher les Marchands, sans aucun sejour ne retardement, sur peine d'en répondre en leurs propres & privés noms : Et à mesure que lesdits Marchands passeront, seront leursdites marchandises pesées, nombrées ou mesurées respectivement, le plus diligemment que faire se pourra ; & aprés avoir acquitté nos droicts dessusdits, leur sera baillé acquit, & copie d'iceluy, contenant le poids & qualité de ladite marchandise, ensemble ce qu'ils auront payé pour nosdits droicts, signé dudit Maistre des Ports, ou son Lieutenant, de nostredit Receveur ou son Commis, & de l'un desdits Peseurs ou Mesureurs ; lequel acquit sera adressé aux Gardes du dernier détroit & passage, par lequel lesdits Marchands auront declaré vouloir passer, que lesdits Marchands ou Voituriers laisseront ausdits Gardes, qui seront à ladite extremité, & la copie d'iceluy retenuë par le Voiturier ou Marchand à qui appartiendra ladite marchandise. Voulons que de huit jours en huit jours lesdits Gardes soient tenus d'exhiber & montrer audit Maistre des Ports, ou son Lieutenant, sous la garde duquel il sera estably, tous les acquits Originaux qu'ils auront receus des Marchands & Voituriers pendant ledit temps, afin que ledit Maître des Ports ou son Lieutenant connoissent si lesdits Gardes auront fait exacte diligence de continuellement chevaucher le long de la liziere qui leur sera ordonnée, & s'ils rapporteront les acquits de tous ceux qui auront passé ; aussi ne pourront lesdits Marchands passer par autres détroits ou détroit, que celuy qui sera declaré & designé audit acquit.

XII.

VOULONS en outre qu'audit lieu où sera estably le poids, se fasse Registre par le Greffier dudit Maistre des Ports, de toutes les marchandises qui passeront, & acquitteront, & du poids & quantité d'icelles, & par chacun jour sera ledit Registre signé dudit Maistre des Ports ou son Lieutenant, de nostre Receveur ou son Commis, desdits deux Peseurs, & dudit Greffier : Se fera pareillement Registre de tous les acquits qui se delivreront aux Marchands par les dessusdits Officiers ; & à la huitaine, quand lesdits Gardes les rapporteront, en sera fait pareillement Registre sommairement, pour toûjours voir & entendre la diligence que feront lesdits Gardes.

XIII.

QVANT aux Villages qui sont outre lesdites Villes, esquelles le passage est ordonné, pour ce qu'il seroit grandement incommode, que les Habitans desdits Villages fussent contrains venir esdites Villes pour acquitter nosdits droicts, de ce qu'ils veulent transporter de leur crû seulement ; NOVS voulons qu'outre lesdites Villes soient determinez certains lieux, jusques à tel nombre que l'on verra expedient & necessaire, esquels on establira un Garde, & quelque bon personnage pour recevoir nosdits droicts, & un autre pour peser, mesurer ou nombrer ; & lesquels Garde, Receveur & Peseur, bailleront acquit à ceux qui voudront transporter denrées & marchandises de leur crû seulement ; desquels acquits ils seront tenus faire Registre, comme dit est cy-dessus, & de huit jours en huit jours seront tenus porter lesdits Registres, & les deniers en la Ville en laquelle le passage sera estably, sous laquelle ils seront erigez : Auquel Commis & Garde défendons tres-expressément d'acquitter autres denrées & marchandises, que celles du crû du lieu auquel ils seront deputez, sur peine de confiscation de corps & de biens.

XIV.

ESDITS lieux où lesdits passages seront establis, seront de mois en mois publiées à son de trompe toutes les Ordonnances, tant de Nous, que de nos predecesseurs, faisant mention des denrées & marchandises desquelles le transport est prohibé, & de celles desquelles l'entrée est défenduë, à celle fin que nul n'en pretende cause d'ignorance, & que lesdits Maistres des Ports & Gardes fassent si bien leur devoir, qu'il n'y ait aucune contravention, sur peine de Nous en répondre.

XV.

FAVDRA que de quartier en quartier nostre Receveur des

Aydes mette entre les mains de noſtre Receveur du Domaine, par ſes ſimples quittances, ce qu'il aura receu pour les droicts de Reſve & haut paſſage.

XVI.

INHIBONS & defendons à tous Marchands, Voituriers & Conducteurs, ou autres perſonnes, de quelque qualité ou condition qu'ils ſoient, faiſant conduire & voiturer hors noſtredit Royaume, Païs, Terres & Seigneuries, denrées & marchandiſes, pour icelles tranſporter hors d'iceux, ſuppoſer & déguiſer aucunes d'icelles calomnieuſement l'une pour l'autre, ains icelles denrées & marchandiſes ayent à declarer & ſpecifier au vray, ſelon leur nature & qualité, eſdits lieux deputez à lever noſdits droicts, ſur peine de confiſcation deſdites marchandiſes ſuppoſées & déguiſées, & de celles qui ſeront trouvées enſemble, avec les charettes, Chevaux, Mulets, Navires, Batteaux & autres équipages, leſquelles avons confiſquées dés à preſent comme pour lors, en la forme que dit eſt cy-deſſus. Voulons en outre & ordonnons, que leſdits Suppoſiteurs & Déguiſeurs, ſoient punis comme de crime de faux, & infracteurs de nos Ordonnances.

XVII.

POUR obvier aux fraudes que pourroient faire leſdits Marchands, leſquels par moyens exquis cherchent faire paſſer leurſdites denrées & marchandiſes, ſans acquitter noſdits droicts d'Impoſition foraine, Reſve & Haut paſſage, ſeront leſdits Commis & Deputez tenus plomber de ſcel ou marquer icelles marchandiſes qu'ils auront acquitté, que permettre icelles eſtre tranſportées hors deſdits lieux à ce ordonnez, à ſçavoir, quaiſſes, balles, tonneaux, coffres, fardeaux, & autres charges, avec une cordelette de chanvre par le travers & le long deſdites quaiſſes, balles & charges deſſuſdites, à ce qu'iceux Marchands & Conducteurs n'ayent moyen ne faculté de mettre en icelles charges aucune choſe davantage, outre ce qui ſera contenu en leurſdites lettres d'acquit; & par ce moyen ſera obvié à ce que par iceux Gardes ne puiſſe eſdites extrêmitez eſtre donné aucun empeſchement auſdits Marchands & Conducteurs, ſous ombre qu'iceux Marchands & Conducteurs, depuis avoir acquitté leſdites marchandiſes, pourroient avoir adjouſté quelque choſe.

XVIII.

DEFENDONS auſdits Maiſtres des Ports, leurs Lieutenans,

Greffiers, Gardes, Commis & Deputez, nos Receveurs & leurs Commis, prendre desdits Marchands & Conducteurs aucun salaire, en quelque façon & maniere que ce soit, pour raison desdites prisées, nombremens, & mesurages, lettres d'acquit, quittances, & plombemens de leurs denrées & marchandises, sur peine d'amende arbitraire, & punition corporelle.

XIX.

Et outre, verront soigneusement lesdits Maistres des Ports & Gardes, qu'aucunes denrées & marchandises ne soient transportées & conduites hors nostredit Royaume, par autres voyes & chemins que ceux tendans és Villes & lieux qui seront pour ce ordonnez; & si aucuns sont trouvez passans par autres voyes, passages & chemins détournez, ils seront par eux pris & arrestez, & de tout ce qui en sera fait par lesdits Gardes sera par eux fait bon rapport à iceux Maistres des Ports ou leurs Lieutenans, pour y pourvoir & en ordonner, ainsi qu'ils verront estre à faire, suivant nos Ordonnances.

XX.

Aussi ne sera permis ne loisible à aucunes autres personnes, de quelque qualité qu'ils soient, fors ausdits Maistres des Ports & Gardes, ou autres personnes ayans mandement exprés de Nous à cette fin, faire ou donner aucun Arrest, prise ou empeschement sur lesdites denrés & marchandises; Et si répondront iceux Maîtres des Ports, chacun en son endroit & Iurisdiction, des fautes qui sont commises par lesdits Gardes, si aucunes s'en trouvent.

XXI.

Quant à la Seneschaussée d'Anjou, pour certaines causes & considerations à ce Nous mouvans. Nous voulons que la forme qui a accoustumé estre gardée de tout temps à lever nostredit droict d'Imposition foraine & Trespas de Loire, ne soit aucunement changée ne muée en quelque maniere que ce soit, ains soit gardée, observée & entretenuë, jusqu'à ce qu'autrement par Nous y ait esté pourveu.

XXII.

Quant à la Traitte foraine de nostre Seneschaussée de Tholose, pource qu'elle a esté baillée à Ferme pour certain temps, qui de brief expirera; Nous voulons que jusques à la fin dudit Bail ne soit rien innoüé en la forme & maniere, que l'on a accoustumé de garder à lever noſtredit droict d'impoſition foraine en noſtredite Seneſchauſſée. Mais quant à nos droicts de reſve & haut paſſage. Voulons qu'en noſdites deux Seneſchauſſées d'Ajou & Tholoſe, ce qui a eſté cy-deſſus ordonné, y ſoit entierement gardé & entretenu.

XXIII.

VOULANS obvier à la multitude d'Officiers qu'il Nous conviendra avoir, tant pour le recouvrement de noſdits droicts, que que pour la garde des paſſages, limites & extrêmitez de nos Royaume, Païs, Terres & Seigneuries, auſſi pour la conſervation & entretenement des Ordonnances par Nous faites, ſur l'entrée, iſſuë & tranſport deſdites marchandiſes : Ordonnons qu'és Charges, Treſoreries, & Generalitez de Picardie, Languedoc, outre Seine, Yonne & Normandie, n'y aura autres Maiſtres des Ports, Lieutenans, ne Greffiers inſtituez pour le preſent, ſinon leſdits Eleus & Greffiers de noſdites Elections; Auſquels Eleus & Greffiers avons par la teneur de ces preſentes, donné & donnons pareil pouvoir, charge, preéminence & prerogative, avec les Receveurs de noſdites Aydes, au recouvrement de noſdits droicts d'Impoſition foraine, Reſve & Haut paſſage, que par la teneur de ces preſentes avons donné auſdits Maiſtres des Ports, leurs Lieutenans & Greffiers; Voulans en outre que noſdits Eleus, leurs Lieutenans, Receveurs & Greffiers, chacun en ſon détroit, és lieux-là où noſdits droicts doivent eſtre cueillis, c'eſt à ſçavoir és extrêmitez de nos Royaume, Païs, Terres & Seigneuries, ayent la totale charge & adminiſtration du recouvrement de noſdits droicts; & tout ce qui a eſté cy-deſſus dit, ſous le nom deſdits Maiſtres des Ports, ſoit executé ſous le nom deſdits Eleus; & que leſdits Lieutenans & Gardes que Nous avons ordonné eſtre eſtablis ſous la charge deſdits Maiſtres des Ports, ſeront eſtablis ſous la charge deſdits Eleus, chacun en ſon regard, reſſort & Iuriſdiction.

XXIV.

AURONT auſſi la totale Iuriſdiction & connoiſſance, privativement à tous autres, de ce qui concerne noſdits droicts d'Impoſition foraine, leurs circonſtances & dependances, comme il eſt contenu en nos Ordonnances ſur le fait de ladite Impoſition foraine : Et quant à nos droits de Reſve, Domaine forain & Haut paſſage, pource que pour la commodité des Marchands, tant nos Subjets qu'Eſtrangers; Avons ordonné iceux eſtre receus par meſme forme & moyen, & par mesmes personnes, que nostredit droict d'Imposition foraine; Voulons aussi que la Iurisdiction & connoissance des causes & differends qui se pourroient mouvoir au recouvrement de nosdits droicts de Resve, Domaine forain & Haut passage, en appartienne par provision à nosdits Eleus, jusques à ce qu'autrement par Nous en soit ordonné. Auront aussi nosdits Eleus la connoissance des contraventions qui se feront à nosdites Ordonnances, concernant le fait du transport, entrée & issuë desdites denrées & marchandises: Desquelles matieres, par la teneur de ces presentes leur avons commis & attribué la Iurisdiction en premiere Instance, privativement à tous autres, comme dit est cy-dessus, & par appel, en dernier ressort & souveraineté, aux Gens de nos Cours des Aydes, chacun en leur regard. Et quant és autres Charges, Tresoreries & Generalitez de nostre Royaume, c'est à sçavoir, Languedoc, Bourgogne, Guyenne, Savoye & Piedmont, seront establis Maistres des Ports, Lieutenans, Gardes, Peseurs, Mesureurs & Greffiers, comme cy-dessus est dit, és lieux là où il n'y en a eu par cy-devant instituez, lesquels auront la totale charge, connoissance & Iurisdiction sur le recouvrement de nosdits droicts d'imposition foraine, resve & haut passage, comme dit a esté amplement cy-dessus, lesquels se recevront par nos Tresoriers & Receveurs ordinaires, chacun en sa Charge, & non par autre.

XXV.

POVR certaines causes & considerations à ce Nous mouvans, ayans égard à la grande multitude des denrées & marchandises qui ont accoustumé de sortir par nostre Duché de Normandie; Ordonnons nostredit droict d'Imposition foraine estre cueilly & levé par les Receveurs de nos Aydes, comme amplement a esté déduit cy-dessus: Et quant aux droicts de Resve, Domaine forain, & Haut passage, seront cueillis & receus par nos Vicomtes & Receveurs ordinaires dudit Païs, en la forme que dessus, audit Païs & Duché de Normandie seulement.

XXVI.

ENJOIGNONS à nosdits Receveurs envoyer l'Estat au vray de la valeur de nosdits droicts, aux Tresoriers de France & Generaux de nos Finances, respectivement chacun en sa Charge, signé de ceux qui auront assisté avec eux, & ce de quartier en quartier, sans aucune connivence ou dissimulation, desquels en sera par lesdits

dits Tresoriers & Generaux envoyé à nostre amé & feal Chancelier un double, afin que l'on puisse entendre la certitude & vraye valeur des choses dessusdites, & ce qui en reviendra bon à nostre profit par chacun desdits quartiers, & à cette fin Nous en estre fait Estat.

XXVII.

QVANT à l'establissement desdits Maistres des Ports, Lieutenans, Gardes, Peseurs, Mesureurs & Greffiers, & des lieux esquels se recevront nosdits droicts, & de ce qui concerne l'entiere execution de ces presentes. Nous en avons par la teneur de ces presentes attribué la charge totale à nosdits Tresoriers & Generaux, respectivement chacun en son regard, selon les Commissions qui leur seront par Nous dépeschées, ausquels enjoignons là où ils trouveront aucuns Maistres des Ports, Lieutenans & Gardes, n'estre de present aux extrêmitez de nostredit Royaume, Païs, Terres & Seigneuries, & par ce moyen du tout inutiles, qu'ils ayent à les transmuer és extrêmitez de nostredit Royaume, en leur establissant autres Sieges, ressorts & détroits, és lieux les plus à propos & convenables au recouvrement de nosdits droicts que faire se pourra, selon le contenu en ces presentes.

SI DONNONS EN MANDEMENT à nos amez & feaux les Gens de nos Cours de Parlement, de nos Comptes, Tresoriers Generaux, tant sur le faict & gouvernement de nos Finances, que sur la Iustice de nos Aydes, Baillifs, Seneschaux, Maistres des Ports, Elcus ou leurs Lieutenans, chacun en son regard, que ces presentes ils facent lire, verifier, enregistrer & publier à son de Trompe & cry public, par tous les lieux pour ce faire introduits & accoustumez, à ce qu'aucun n'en puisse pretendre cause d'ignorance : & icelles garder, entretenir, & inviolablement observer, sans ce qu'il y soit aucunement contrevenu : CAR tel est nostre plaisir. En témoin de ce, Nous avons fait mettre nostre scel à cesdites presentes. DONNE' à Tonnerre, le vingtiéme jour d'Avril, l'An de Grace mil cinq cens quarante-deux : Et de nostre Regne le vingt-huitiéme. Ainsi signé, FRANÇOIS. Et au dessous, Par le Roy estant en son Conseil : Auquel estoient Messeigneurs le Dauphin, & Duc d'Orleans, le Roy de Navarre, le Cardinal de Ferrare, Vous Monsieur le Chancelier, le Comte de Buzançois Admiral, le Seigneur d'Annebaut Mareſchal de France, & le Seigneur d'Aſſier grand Eſcuyer, preſens. Ainſi ſigné, BAYARD.

Lecta, publicata, & Regiſtrata, audito Procuratore generalis Regis hoc requirente inquantum attinet dominium Regis duntaxat. Pariſiis in Parlamento, decima nona die Maij, anno Domini milleſimo, quingenteſimo ſecundo. Sic ſignatum, DV TILLET.

Lecta, publicata & Regiſtrata in Camera Computorum Domini noſtri Regis, audito ejuſdem Domini, in præfata camera, Procuratore generali hoc requirente: Ad onus mittendi penes cameram quolibet ſemeſtri per ſupra dictos, magiſtros portuum & eorum quemlibet reſpectivè, duplum ſuorum Regiſtrorum, debitè ſignatum & Approbatum, Vigeſima quarta Maij, anno quo ſuprà. Sic ſignatum, LE MAISTRE.

Lecta, publicata, & Regiſtrata in curia juſtitiæ juvaminum, audito ſimiliter in Procuratore generali Regis in eadem curia, de mandato Domini noſtri Regis expreſſo, die vigeſima ſexta Maij, anno quo ſuprà. Sic ſignatum LE SVEVR.

EDIT DV ROY HENRY II.

Donné à Amiens, au mois d'Avril 1549.

Sur l'Entrée des Drogueries & Espiceries venans des Pays estrangers en France.

HENRY par la Grace de Dieu Roy, de France, Comte de Provence, Forcalquier, & Terres adjacentes : A tous ceux qui ces presentes Lettres verront, Salut. COMME le feu Roy, nostre tres-honoré Seigneur & Pere, que Dieu absolve, en ensuivant les anciennes Ordonnances de nos predecesseurs Rois, eust par ses Edicts dés le vingt-deuxiême jour d'Octobre 1539. quinziême jour de Novembre 1540. & vingt-troisiême jour de Fevrier 1541. leus, publiez & enregistrez où besoin estoit, inhibé & defendu à toutes personnes quelconques, de faire entrer, décendre, ne distribuer en cettuy nostre Royaume, Païs, Terres & Seigneuries de nostre obeïssance, aucunes sortes d'Espiceries & drogveries, de quelque part qu'elles peussent venir, fust des parties de Levant, de Ponant où d'ailleurs, si ce n'estoit qu'elles fussent abordées, décenduës, ou déchargées aux Ports & Havres maritains de nostredit Royaume, Païs, Terres & Seigneuries, venans droits des Païs Estrangers, non regratées ne revenduës, en payant pour icelles les droicts anciens & accoustumez, sur peine de punition corporelle, de confiscation de leurs biens, & desdites Espiceries & drogueries. Et puis par autre son Edict du vingt-cinquiême jour de Mars 1543. avant Pasques, aussi leu & publié où besoin a esté, ait par bonne & meure deliberation des Princes de nostre Sang, & autres grands & notables Personnages de son Privé Conseil, zelateurs du bien public de nostredit Royaume; Et pour plusieurs bonnes causes & considerations, à plein contenuës & declarées audit Edict, par Loy, Statut & Ordonnances irrevocable, prohibé & defendu à tous nos Subjets generalement, & quelconques Marchands Estrangers, Facteurs, Entremetteurs, & tous autres de quelques qualité qu'ils fussent, de n'acheter dés lors en avant aucunes Espiceries ne drogueries en la Ville d'Anvers, ny ailleurs és Païs de l'Empereur, fust en temps de Paix ou de guerre, ne d'iceux en faire conduire, venir, ne amener en iceluy nostre Royaume, & Païs de nostre obeïssance, par mer ou par terre, directement ou indirectement en quelque maniere que ce fust, sur peine, la premiere fois, de confiscation desdites Espiceries & drogueries, ensemble de toutes les autres marchandises, avec lesquelles elles se trouveroient meslées & conduites; & pour la seconde fois, d'estre punis comme infracteurs desdites Ordonnances & defenses. Et afin que nos Subjets se peussent mieux à l'advenir pourvoir & fournir desdites Espiceries & drogueries, à meilleur prix & marché qu'ils n'avoient accoustumé de les avoir & acheter par le passé, leur ait esté donné congé par ledit Edict, licence & permission, ensemble à tous autres Marchands Estrangers, non estans subjets dudit Empereur, ny du Roy d'Angleterre, tant qu'ils seroient nos ennemis, de pourvoir aller querir & acheter és Païs, tant de Portugal, de Levant, qu'Italie, toutes Espiceries & drogueries necessaires pour nostredit Royaume, & en iceluy les conduire, amener & décharger; c'est à sçavoir, celles qui viendront par la Mer Oceane, en nos Ville, Port & Havre de Roüen; celles qui viendroient par la Mer Mediterranée, en nos Ville, Port & Havre de Marseille; & celles qui viendroient par terre, en nostre Ville de Lyon tant seulement, & non par ailleurs que par ces voyes, lieux & endroits, sur les peines devant dites. Et seroient lesdits Marchands desdites Espiceries & drogueries, tenus avant que de les faire décendre ne décharger en aucuns desdits lieux, de notifier & faire à sçavoir l'arrivée d'icelles aux Receveurs & Controlleurs establis sur le faict de la Gabelle desdites Espiceries, & de leur dire & faire entendre au vray la qualité & quantité de ladite marchandise, sans en rien dissimuler ne receler, sur peine de confisquer & perdre ce qu'ils feroient autrement entrer & décharger, afin de payer par eux entierement le droict de ladite Gabelle à la décente & entrée; C'est à sçavoir, deux escus pour quintal de poivres, gingembres, noix muscades, canelles, noasles, clouds de girofle, & bois de giroflée de toutes sortes, & pour toutes autres sortes d'Espiceries & drogueries, à raison de quatre pour cent du prix & valeur d'icelles, selon l'appreciation qui en avoit esté faite en l'anné precedente 1542. pour servir à l'imposition foraine: Et aprés avoir payé & acquitté ledit droict de Gabelle, sans aucune fraude sur lesdites peines indictes, lesdits Marchands & Conducteurs pourroient faire sortir lesdites Espiceries & drogueries, pour les vendre & debiter en tels lieux & endroits de nostredit Royaume, & par tout ailleurs hors d'iceluy qu'ils adviseroient, franchement & quittement, sans payer aucuns autres droicts, tributs, subsides, ny Impositions quelconques, en apportant certification deuëment faite, & signée des Receveurs & Controlleurs, és mains desquels ils auroient payé & acquitté ledit droict de Gabelle, en l'un desdits trois lieux de Roüen, Marseille, ou Lyon, où lesdits Receveurs & Controlleurs ont esté establis, suivant la creation & erection qui en a esté faite par ledit Edict, aux gages & droicts declarez en iceluy. Et combien que ledit Edict, tant utile & profitable à nostredit Royaume, Païs, Seigneuries, & Subjets de nostre obeïssance, pour avoir moyen de recouvrer lesdites Espiceries & drogueries, tant de Levant que de Ponant, à prix raisonnable, non regrattées ne revenduës, deust avoir esté observé & entretenu, sans aucunement venir au contraire, & nosdits droicts de Gabelle bien & loyaument payez & acquittez, attendu mesmement qu'ils ne sçauroient revenir à la moitié de ce qu'ils devroient monter, si ladite appreciation desdites Espiceries & drogueries estoit faite selon la juste & raisonnable valeur d'icelles: Ce neantmoins Nous avons esté advertis, qu'ayans lesdits droicts de Gabelle esté baillez à main ferme à aucuns, pour cinq années, commençans le huitiéme jour d'Avril audit an 1543. & finissans à semblable jour les cinq ans revolus, à la charge que lesdits cinq ans durant lesdits Receveurs & Controlleurs n'auroient aucune connoissance desdits droicts, & ne s'entremettoient aucunement d'en faire Recepte ne Controlle, ainsi qu'il est porté par le Contract sur ce fait; iceux Marchands Fermiers, soit par negence, intelligence, dissimulation ou autrement, ont esté si peu soigneux de faire payer & acquitter lesdits droicts de Gabelle desdites Espiceries & drogueries entrées & décenduës en nostredit Royaume, suivant ledit Edict, & de poursuivre les amendes & confiscations des abus & contraventions faites à iceluy, que la meilleure & plus grande partie desdites Espiceries & drogueries, contenuës & declarées par le menu en ladite appreciation faite pour nostredite Imposition foraine, sont entrées & décenduës quittement & franchement, sans aucune poursuite ne querelle du payement de nosdits droicts de Gabelle, ne de la confiscation d'icelles, ains en ont composé & accordé lesdits Fermiers avec lesdits Marchands & Conducteurs, comme bon leur a semblé, afin qu'ils ne fussent, comme il est à presumer, aucunement molestez sur ladite Ferme ainsi à eux baillée, comme dit est, & que l'on n'eust aucune connoissance du grand profit qu'ils y pourroient faire, esperant par ce moyen avoir prolongation de leurdit Bail, ou en avoir un autre encore plus à leur avantage que le premier : De sorte que Nous voulons faire lever & cueillir lesdits droicts de Gabelle sous nostre main, par lesdits Receveurs & Controlleurs, suivant la teneur & forme dudit Edict ; lesdits Marchands & Conducteurs, déja accoustumez par la nonchalance, collusion ou intelligence desdits Fermiers, de ne payer aucun droict, ou bien petit, de la pluspart desdites Espiceries & drogueries specifiées & designées par le menu en ladite appreciation, comme dit est, pourroient à toutes heures alleguer la plusport d'icelles n'estre de la qualité & nature des autres dont ils ont accoustumé payer, & sur ce former & engendrer plusieurs procez & querelles à l'encontre de Nous & de nosdits Officiers, au grand retardement & diminution de nosdits droicts de Gabelle & confiscation ; & pis encore pourroit advenir, si sur ce n'estoit par Nous pourveu de remede convenable.

I.

NOUS, Pour ces causes, & autres bonnes & justes considerations à ce Nous mouvans, SCAVOIR faisons, que desirans singulierement ledit Edict estre inviolablement entretenu & observé, pour le bien, conservation & augmentation de la chose publique de nostredit Royaume, & de nosdits droicts & Domaine : eu sur ce l'avis & deliberation d'aucuns des Princes de nostre Sang, & autres grands & notables personnages de nostre Conseil Privé ; AVONS de nostre certaine science, pleine Puissance & Authorité Royale, en suivant, amplifiant, & declarant ledit Edict de nostre feu Seigneur & Pere, dudit vingt-cinquiéme jour de Mars audit an 1543. VOULU, statué & ordonné ; VOULONS, statuons & ordonnons, par Loy, Statut & Ordonnance irrevocable, que lesdits droicts de Gabelle sur lesdites Espiceries & drogueries, seront levez & cueillis sous nostre main, par lesdits Reveurs & Controlleurs establis esdites Villes & lieux de Roüen, Marseille & Lyon, chacun en son regard, selon la forme & teneur dudit Edict; C'est à sçavoir, sur lesdits Poivres & Gingembres, Noix Muscades, Canelles, Noaxes, Clouds de Girofle, & bois de Giroflée de toutes sortes, deux escus pour quintal; & sur toutes autres sortes d'Espiceries & drogueries, à raison de quatre pour cent du prix & valeur d'icelles, selon l'appreciation qui en a esté faite pour nostredit droict d'Imposition foraine, à Tonnerre, le vingtiéme jour d'Avril 1542.

II.

En quoy voulons & entendons estre comprises & entenduës toutes les sortes d'Espiceries & drogueries specifiées & declarées par ladite appreciation, sous le chapitre cotté, Espiceries, drogueries de toutes sortes, &c. sans aucunes excepter ny reserver, fors & excepté celles qui auront crû en nostredit Roymaume & Païs de nostre obeïssance, nonobstant que par avanture lesdits Fermiers en ayent laissé décendre & décharger aucunes durant leurdit Bail, sans en faire payer lesdits droicts, comme dit est, que ne voulons & n'entendons nuire ne prejudicier à l'advenir en aucune maniere au payement d'iceux droicts, & entiere execution dudit Edict.

III.

Suivant lequel Edict, Nous avons aussi inhibé & defendu, inhibons & defendons tres-expressément à tous Marchands, Facteurs & Entremetteurs, soient nos Subjets ou Estrangers, & tous autres de quelque qualité qu'ils soient, que d'oresnavant ils n'ayent plus à acheter aucunes Espiceries ne drogueries, regrattées & revenduës, soit en temps de Paix ou de guerre, pour icelles faire venir, amener & conduire en iceluy nostre Royaume, soit par mer, ou par terre, directement ou indirectement en quelque maniere, sur les peines indictes, tant par ledit Edict, qu'autres precedens, & anciennes Ordonnances: Mais avons, suivant ledit Edict, donné & donnons congé, licence & permission à nosdits Subjets, ensemble à tous autres Marchands Estrangers, non estans Subjets de nos Ennemis, de pouvoir aller querir toutes sortes d'Espiceries & drogueries, & telle quantité que bon leur semble, és Païs tant de

Portugal, Levant, Italie, que tous autres où elles croissent & sont faites, non regrattées ne revenduës, comme dit est, & icelles faire conduire, amener & décharger en iceluy nostredit Royaume; c'est à sçavoir, toutes celles qui viendront par ladite Mer Oceane, en nostredite Ville, Port & Havre de Roüen; celles qui viendront par ladite Mer Mediteranée, en ladite Ville de Marseille; & celles qui viendront par terre, en ladite Ville de Lyon tant seulement, & non par ailleurs que ces trois lieux & endroits, sur les peines contenuës audit Edict.

IV.

SERONT tenus lesdits Marchands & Conducteurs, avant que les faire décharger en aucuns desdits lieux, de notifier & faire à sçavoir l'arrivée d'icelles aux Receveurs & Controlleurs y establis, chacun en son regard, afin qu'ils connoissent & entendent la qualité & quantité desdites Espiceries & drogueries, & que si besoin est, il les fassent peser és poids par Nous establis pour nostredite Imposition foraine, ou autres, pour estre payez entierement & sans fraude, de nosdirs droicts de Gabelle, a la raison cy-devant dite, sur peine de confisquer & perdre tout ce qu'ils feroient autrement entrer & décharger, ensemble tous les Navires, Vaisseaux, Chariots, Charettes, Mulets & Chevaux portans & conduisans lesdites Espiceries, drogueries & aussi les Marchandises de quelque qualité qu'elles soient, qui se trouveront meslées parmy, si elles sont ou appartiennent à celuy auquel lesdites Espiceries ou drogueries appartiendront, ou à celuy qui les fera voiturer & conduire, avec telle punition & amende contre lesdits Marchands, Facteurs ou Conducteurs, que les anciennes Ordonnances les contiennent, & que les transgresseurs d'icelles le meritent.

V.

VOULONS tous lesdits Marchands & autres qui seront tenus au payement d'iceux droicts, y estre contraints réellement & de faict, & par toutes voyes accoustumées en nos propres debtes & affaires : Et aprés avoir payé & acquitté nostredit droict de Gabelle à ladite entrée & décente, ainsi que dessus, sans aucune fraude, par les quittances desdits Receveurs & Controlleurs respectivement; Lesdits Marchands pourront vendre ou faire vendre, distribuer & debiter lesdites Espiceries ou drogueries, en tels lieux ou endroits de nostre Royaume, Païs, Terres &

& Seigneuries de nostre obeïssance, que bon leur semblera, & par tout ailleurs hors nostredit Royaume, franchement & quittement, sans Nous payer autres droicts, subsides, ny Impositions quelconques, en montrant toutesfois & faisant apparoir de certification deuëment faite & signée desdits Receveurs & Controlleurs, comme ils auront payé & acquitté nostredit droict de Gabelle en l'un desdits lieux de Roüen, Marseille ou Lyon; En quoy toutesfois n'entendons estre comprises & entenduës les Espiceries creuës en nostredit Royaume; pour lesquelles pour n'avoir payé aucun droict d'entrée, Nous voulons estre payez nos droicts d'Imposition foraine, Resve & Haut passage, suivant nos Edicts sur ce faits.

VI.

LESQUELLES certifications & quittances, que lesdits Receveurs & Controlleurs seront tenus de bailler & delivrer ausdits Marchands & Conducteurs, en payant raisonnablement, contiendront la qualité & quantité desdites Espiceries & drogueries, dont ils auront payé lesdits droicts, le lieu auquel ils auront fait ledit payement, les lieux & endroits de nostredit Royaume où ils les voudront faire vendre & debiter, & les lieux par lesquels ils les voudront faire transporter hors nostredit Royaume, si aucuns ils veulent faire transporter, pour éviter qu'en defraudant nosdits droicts de Gabelle, ils n'en debitent, distribuënt & transportent plus grande quantité qu'ils n'en auront payé & acquitté; Et à cette fin ne pourront lesdits Marchands faire aucune distribution & transport desdites Espiceries & drogueries, tant en nostredit Royaume, que hors iceluy, que premierement ils n'ayent presenté leursdites certifications à nos Officiers, faisans leur residence és lieux où ils les voudront vendre ou faire vendre, ou faire sortir hors nostredit Royaume; Lesquelles certifications demeureront és mains de nosdits Officiers, afin que lesdits Marchands & Conducteurs ne s'en puissent ayder pour plus d'une fois, & voulons qu'elles ne soient valables ne recevables aprés un an de la datte d'icelles.

VII.

ET à faute de faire apparoir desdites certifications avant que de faire ladite distribution & transport. VOULONS qu'il soit procedé à l'encontre desdits Marchands & Conducteurs, par les peines devant dites, tant de confiscation que de punition, si ce n'estoit que lesdites certifications eussent esté perduës ou adirées, auquel cas ils advertiront nosdits Officiers, qui leur donneront temps legitime, eû égard à la distance des lieux pour en recouvrer d'autres, s'il est besoin, par Extrait des Registres desdits Receveurs & Controlleurs, és mains desquels ils diront avoir payé & acquitté iceux droicts, & ledit temps passé, sera procedé comme dessus, sans aucun delay; & neantmoins demeureront cependant lesdites Espiceries & drogueries saisies & arrestées és mains de Iustice.

VIII.

Et afin que les signatures de nosdits Receveurs & Controlleurs ou leurs Commis, presens & à venir, ne soient falsifiées ou supposées par lesdits Marchands, ou autres qui s'en voudront aider; Novs voulons qu'au bas desdites certifications elles soient reconnuës & approuvées par Notaires, Tabellions, ou autres personnes publiques, qui certifieront en avoir bonne connoissance, & autrement ne seront lesdites certifications d'aucune valeur.

IX.

Et pource que durant la guerre, il se fait plusieurs prises tant par Mer que par Terre, entre lesquelles se trouvent souvent aucunes sortes d'Espiceries & drogueries, lesquelles, ceux qui font lesdites prises, portent & déchargent indifferemment au premier Havre, Port, ou lieu que bon leur semble, & illec les vendent & distribuënt à leur plaisir, au grand prejudice & diminution de nosdits droicts de Gabelle, dont Nous sommes par ce moyen frustrez; Novs voulons & ordonnons, que lesdites Espiceries & drogueries ainsi prises durant la guerre ou autrement, soient de la mesme condition des autres venans droit desdits Païs de Portugal, Levant, Italie, & autres, & icelles estre déchargées en l'un desdits trois lieux de Roüen, Marseille ou Lyon, & payer nosdits droicts de Gabelle, comme les autres, sur les peines devant dites.

X.

Et advenant que par fortune de vent, impetuosité, & tempeste de mer, ou par chasse ou poursuite d'ennemis & adversaires, lesdits Marchands, Facteurs, Mariniers, ou autres Conducteurs desdites Espiceries & drogueries, fussent contrains par Mer ou par Terre, de les faire arriver en autres lieux, Villes, Ports & Havres, que les dessusdits, de Roüen, Marseille, ou Lyon, où elles doivent estre déchargées tant seulement, suivant ledit Edict;

NOVS leur defendons neantmoins de les faire décharger esdits lieux, sur les peines devant dites, si quelque temps aprés leurdite arrivée en iceux lieux, il leur est aucunement loisible, soit par changement de temps ou quietude, & retraitte desdits ennemis, de les pouvoir transporter en l'une desdites Villes, Ports & Havres de Roüen, Marseille ou Lyon, pour y estre payez & acquittez nosdits droicts de Gabelle és mains desdits Receveurs, comme dit est : Et au cas que seurement & sans éminent peril ou danger desdits ennemis (lequel ne peut estre évité) il ne leur estoit possible transporter lesdites Espiceries esdits lieux de Roüen, Marseille ou Lyon, & pour cette cause ou autre legitime, & hors de toute suspicion de fraude ou cautelle, où l'on ne peust dedans brief temps, & sans tres-grand interest desdits Marchands, donner ordre & remede, il estoit force de les faire décharger ailleurs qu'esdits lieux de Marseille, Lyon & Roüen, & de ce ils eussent deuëment informé les Officiers residens au lieu auquel ils seroient contrains décharger lesdites Espiceries ou drogueries, nostre Procureur appellé; NOVS voulons toutesfois, sous lesdites peines, qu'avant qu'ils les puissent vendre, distribuer, debiter ou transporter, ils en fassent advertir ceux de nosdits Receveurs & Controlleurs és mains desquels ils devront payer nosdits droicts de Gabelle, afin qu'ils se transportent ou envoyent pardevers eux, pour recouvrer iceux droicts sur lesdites Espiceries & drogueries, lesquelles cependant seront mises en bonnes & seure garde, le tout aux dépens desdits Marchands, que Nous voulons estre contrains par les Iuges & Officiers desdits lieux sur ce requis, à payer les frais du voyage de nosdits Receveurs & Controlleurs, ou leurs Commis, suivant la taxe qui leur en sera faite par lesdits Juges, que de ce faire Nous avons authorisez, tant pour aller, séjourner, que retourner, eû égard à la distance desdits lieux & qualité des personnes, si ce n'estoit que lesdits Receveurs & Controlleurs eussent aucuns Commis esdits lieux qui pûssent à ce satisfaire, auquel cas lesdits Marchands ne payeront que le Port & Voiture de nosdits droicts, jusqu'au lieu où s'en devoit faire le payement : Et à cette fin & autres dependantes de l'execution du contenu en cesdites presentes; AVONS permis & permettons ausdits Receveurs & Controlleurs, avoir Commis en tous lieux qu'ils adviseront, à leurs perils & fortunes : Et aprés le payement fait de nosdits droicts és mains desdits Receveurs ou leursdits Commis, par leurs quittances, controllées par lesdits Controlleurs ou leursdits Commis, pourront lesdits Marchands faire vendre & debiter lesdites Espiceries ou drogueries, où bon leur semblera, selon la forme & maniere cy-devant declarée.

XI.

Et pour faire cesser, s'il est possible, toutes tromperies, transgressions, fautes & abus, cautelles & malversations que peuvent faire & commettre lesdits Marchands, Facteurs, Entremetteurs, Conducteurs, & tous autres, sur le faict desdites Espiceries & drogueries, au prejudice & diminution de nosdits droicts de Gabelle: Et pour mieux les éclaircir & faire connoistre, Nous voulons, ordonnons & Nous plaist, que lesdits Receveurs & Controlleurs de nosdits droicts de Gabelle, establis esdites Villes de Roüen, Marseille & Lyon, ou leursdits Commis, deuëment authorisez par eux, puissent, & leur soit loisible en tous lieux & endroits de nostredit Royaume, Païs, Terres & Seigneuries de nostre obeïssance, toutesfois & quantes qu'ils trouveront ou rencontreront, soit par recherche ou cas fortuit, aucunes denrées ou Marchandises quelles qu'elles soient, décenduës en places, Greniers, Salles, Halles, Celliers, Magazins, Granges, ou Maisons, ou portées ou conduites sur Navires, Batteaux, Chariots, Charettes, Mulets ou autrement, empacquetées & emballes, en balles, Caisses, Pacquets, fardeaux, Tonneaux, ou autres équipages, de sorte que l'on n'en puisse clairement connoistre la qualité; faire jurer & à certainer par serment solemnel, lesdits Marchands, Facteurs, Entremetteurs, & autres Gardes & Possesseurs ou Conducteurs d'icelles, s'il y a aucunes Espiceries ou drogueries de la qualité dessusdite dedans lesdites Caisses, Balles, Pacquets & fardeaux, contre la teneur & intention de nosdites Ordonnances, ou desquelles nosdits droicts de Gabelle n'ayent esté payez & acquittez; & aprés ledit serment fait, pourront lesdits Receveurs, Controlleurs, ou leursdits Commis, si bon leur semble, à leurs perils & fortunes, faire faire ouverture & visitation de cinq ou six desdites Caisses, Balles, Pacquets, Tonneaux, fardeaux, & autres vaisseaux, pour voir si dedans se trouveroit aucunes desdites sortes d'Espiceries ou drogueries, contre leur serment & affirmation, afin que s'il s'en trouve, ils les saisissent & arrestent incontinent, pour eſtre procedé contr'eux en la propre forme & maniere que deſſus, & à la rigueur deſdites Ordonnances, tant par confiſcation, que punition corporelle & amendes. Et là où ils confeſſeront librement aucunes deſdites Eſpiceries ou drogueries eſtre meſlées ou cachées parmy leſdites Marchandiſes, il ſera ſeulement procedé à la ſaiſie & confiſcation d'icelles Eſpiceries ou drogueries, à quoy Nous voulons & ordonnons tres-expreſſément tous Maiſtres des Ports ou leurs Lieutenans, vacquer & entendre diligemment, & avec la plus grande briefveté & ſincerité de Juſtice que faire ſe pourra, ſur peine de Nous en répondre en leurs propres & privez noms; en enjoignant auſdits Marchands, Facteurs, Entremetteurs, Gardes & Conducteurs d'y obeïr, ſur peine d'eſtre punis comme rebelles & deſobeïſſans.

XII.

Et afin qu'encore plus clairement & appertement on puiſſe découvrir & connoiſtre les tromperies, fautes & abus commis ſur le recellement deſdites Eſpiceries & drogueries, & defraudation de noſdits droicts, Novs voulons & Nous plaiſt, que toutes perſonnes quelconques ſoient receus à en faire dénonciation & verification, ſans aucune fraude toutesfois, pardevant leſdits Maiſtres des Ports, ou leurſdits Lieutenans, par leſquels il ſera procedé avec toute diligence contre les delinquans par leſdites peines de confiſcation, punition & amendes; pour le payement deſquelles amendes, leſdits delinquans condamnez tiendront priſon juſqu'à fin dudit payement.

XIII.

Et à ce que noſtre profit ſoit mieux gardé auſdites confiſcations & amendes, Novs voulons, ordonnons & Nous plaiſt, que toutes leſdites Eſpiceries, drogueries, Marchandiſes, & autres choſes qui Nous pourront eſtre adjugées à ladite dénonciation, ſoient incontinent aprés icelle dénonciation (s'il y a apparence par preuve, ou preſomption vehemente) ſaiſies & arreſtées en noſtre main, enſemble leſdits Marchands & Conducteurs, & baillées en garde à gens reſſeans & ſolvables, juſqu'à ce que la condamnation ou abſolution en ait eſté faite; aprés laquelle ſeront, s'il ſe trouve ladite ſaiſie avoir eſté mal faite, incontinent renduës à iceux Marchands; ou bien au contraire, s'il ſe trouve avoir eſté deuëment faite, venduës au plus offrant & dernier encheriſſeur, à noſtre profit, à jours de Marché, ou à son de Trompe & cry public, ainsi qu'il est accoustumé, és lieux où lesdites condamnations seront faites, sans qu'il soit donné aucune main-levée ou delivrance à caution desdites choses arrestées avant lesdites Sentences & condamnations, sur peine de privation d'Offices à nosdits Officiers qui feront le contraire.

XIV.

Lesquels Officiers, Nous voulons appeller avec eux lesdits Receveurs & Controlleurs, ou leursdits Commis deuëment authorisez, comme dit est, quand ils seront ou se trouveront és lieux où les procez desdits abus & malversations seront meus & intentez, afin d'estre & assister tant à l'instruction qu'au jugement desdits procez, où Nous voulons qu'ils y ayent voix & opinion, & mesmement à la vente & delivrance des choses qui Nous seront adjugées par confiscation, pour avoir l'œil & tenir la main à la conservation de nosdits droicts : Et là où lesdits Receveurs & Controlleurs, ou leursdits Commis, ne pourroient ou ne voudroient y assister lesdits Juges ne laisseront de passer outre, aprés toutesfois les avoir deuëment appellez ; car autrement ne voulons leurs Sentences & Jugemens avoir aucun effet ou valeur.

XV.

Voulons tous les deniers qui proviendront desdites confiscations & amendes à l'occasion dessusdite, estre mis & delivrez entierement és mains desdits Receveurs de nosdits droicts de Gabelle, sous leurs quittances, controllées par lesdits Controlleurs, ou leursdits Commis, és lieux & endroits où lesdits Receveurs & Controlleurs seront, ou y auront Commis deuëment autorisez, comme dit est, ou en leur absence és mains de nos Receveurs qui seront à main & à propos, lesquels toutesfois envoyeront iceux deniers incontinent aprés & dedans un mois pour le plus tard, sur peine du Quatruple, és mains de celuy desdits Receveurs de nostredit Gabelle, auquel les droicts de Gabelle desdites Espiceries & drogueries ainsi confisquées devoient estre payez & acquittez, ou qui sera le plus prochain du lieu où sera faite ladite adjudication ; pour le Port & Voiture desquels deniers, Nous voulons leur estre fait taxes raisonnables par lesdits Juges, sur lesdits deniers desdites confiscations, ausquels Juges Nous avons donné & donnons pouvoir de ce faire.

XVI.

Et afin que lesdits Receveurs, Controlleurs, & leursdits Commis, & tous autres quelconques, soient plus enclins & curieux d'avoir l'œil & prendre garde ausdites transgressions & defraudations de nosdits droicts de Gabelle, Nous voulons, ordonnons, & Nous plaist, que la quarte partie franche desdites confiscations & amendes soit adjugée entierement à celuy ou ceux à la denonciation, poursuitte & diligence desquels, deuëment prouvée & verifiée, lesdites confiscations & amendes Nous auront esté & seront adjugées ; & en rapportant par lesdits Receveurs qui recevront lesdites confiscations & amendes, le vidimus de ces presentes pour une fois, & le dicton des Sentences desdits Officiers, par lesquelles ils auront adjugé ladite quarte partie franche ausdits dénonciateurs, avec les quittances d'iceux dénonciateurs, sur ce suffisantes tant seulement, Nous voulons lesdits Receveurs estre tenus quittes & déchargez en leurs comptes de ladite quarte partie desdites confiscations & amendes, par nos amez & feaux les Gens de nos Comptes, ausquels Nous mandons ainsi le faire sans aucune difficulté.

XVII.

Et pour obvier que lesdites amendes & confiscations ne soient égarés aprés l'adjudication qui Nous en sera faite, Nous voulons que nosdits Officiers respectivement, envoyent le plûtost que faire se pourra, & de quartier en quartier pour le moins, un roolle ou certification signée de leurs mains, ou de leur Greffier, desdites amendes & confiscations qui par eux Nous auront esté adjugées à l'occasion dessusdite, si aucunes en y a, pardevers nos amez & feaux les Generaux de nos Finances, chacun pour son regard, pour en faire par eux Estat comme des autres deniers de nosdits droicts qu'il appartiendra, & ce sur peine de Nous en prendre à nosdits Officiers en leurs propres & privez noms ; & pour ce faire, leur permettons faire taxe si besoin est, à celuy ou ceux qu'ils envoyeront porter lesdits roolles ou certifications, sur ladite quarte partie desdites confiscations & amendes, qui sera adjugée ausdits dénonciateurs.

XVIII

Et afin que Nous nous puissions ayder en nos affaires, des deniers provenans de nosdits droicts de Gabelle, & desdites confiscations & amendes, comme des autres deniers de nostre revenu, tant ordinaire qu'extraordinaire ; Nous voulons que lesdits Receveurs pour ce establis esdites Villes de Roüen, Marseille & Lyon, presens & à venir, envoyent & mettent és mains de nos Receveurs generaux respectivement, quinze jours aprés chacun quartier escheu, tous les deniers qu'ils auront receu, tant desdits droicts de Gabelle, que desdites confiscations & amendes, sur ce déduits & rabatus les gages ordonnez à eux & audits Controlleurs, qui sont de dix deniers pour livre pour lesdits Receveurs, & de six deniers aussi pour livre pour lesdits Controlleurs, ensemble la quarte partie desdites confiscations & amendes adjugées ausdits Denonciateurs, comme dit est, & autres charges qui pourront estre sur ce ordonnées, tant par lesdits Juges, pour le port desdits deniers desdites confiscations, que par les Estats qui en seront faits par chacun an par lesdits Generaux de nos Finances: Ausquels & chacun d'eux premier sur ce requis, Nous mandons faire taxe raisonnable ausdits Receveurs de nosdits droicts, pour le port & Voiture desdits deniers; laquelle taxe que Nous avons dés à present comme pour lors validée & authorisée, ensemble lesdits gages, Nous voulons estre déduite de la Recepte desdits Receveurs, & passée en la dépense de leursdits comptes par lesdits Gens de nos Comptes, sans difficulté.

XIX.

Et où il adviendroit que par le moyen, faute, support, consentement, dissimulation, ou faveur de nosdits Officiers & autres, qui pour le devoir de leurs Charges, Estats & Offices, doivent avoir l'œil au bien de Nous & du public, & tenir la main à la correction des abus & malversations qui se peuvent commettre au contraire, Nous fussions frustrez & défraudez de nosdits droicts de Gabelle, confiscations & amendes dessusdites, en aucune maniere, contre la teneur & intention de cesdites presentes; Nous voulons que lesdits Receveurs & Controlleurs de nosdits droicts, ou leursdits Commis, si tost qu'il viendra à leur connoissance, en puissent informer & faire informer secrettement & bien, à l'encontre desdits Officiers, & tous autres delinquans & coupables, sans aucun empeschement & contredit, pour les informations qui ainsi seront par eux faites, estre envoyées closes & scellées pardevers Nous en nostre Privé Conseil, pour sur icelles estre ordonné ce qu'il appartiendra, en leur donnant quant à ce, & ce que dépend de l'execution de cesdites presentes, pouvoir, puissance & authorité: Mandant à tous nosdits Juges & Officiers qu'à eux en ce faisant

ſant ils donnent conſeil, confort, aide, & priſons, ſi métier eſt, & requis en ſont, & leur faſſent obeïr & entendre de tous ceux & ainſi qu'il appartiendra.

XX.

Et ayans eſté advertis que les deſſuſdits Fermiers de noſdits droicts de Gabelle, ont eû durant leur Bail pluſieurs procez, querelles & empeſchemens, par aucuns particuliers & Communautez des Villes, pretendans eſtre exempts & affranchis du payement de noſdits droicts de Gabelle, ſous couleur d'aucuns Privileges & Exemptions generales à eux octroyez par nos predeceſſeurs Rois, dont aucuns ont eſté par Nous confirmez, & qu'en levant ſous noſtre main leſdits droicts, ils pourroient faire le ſemblable, contre noſdits Officiers, à noſtre tres-grand intereſt & dommage; Novs voulons & ordonnons que leſdits Privileges & Exemptions pretenduës par leſdites Villes & particuliers, dont pour ce regard Nous avons ſuſpendu & ſuſpendons l'effet & valeur, ne puiſſent aucunement empeſcher l'entiere execution & effet de ceſdites preſentes, & perception de noſdits droicts, ſauf auſdits particuliers & Communautez de Villes, de ſe pourvoir pardevant les Iuges des lieux en premiere Inſtance, auſquels ils ſeront tenus exhiber & faire apparoir de leurs Privileges : Et s'il y a appel, Novs voulons iceluy eſtre relevé pardevant nos amez & feaux les Gens de noſtre Grand Conſeil, auſquels par ceſdites preſentes Nous avons, privativement à tous autres, attribué & attribuons la connoiſſance deſdits pretendus Privileges, circonſtances & dependances, par appel & en dernier reſſort, enſemble des cauſes, procez & querelles qui en pourront ſurvenir cy-aprés à l'encontre de noſdits Officiers, dont Novs voulons la protection & défenſe eſtre priſe par noſtre Procureur audit Grand Conſeil.

XXI.

Et pour ce que par importunité, inadvertance ou autrement, Nous pourrions faire conceder & octroyer aucunes Lettres contraires à l'effet dudit Edict & de ces preſentes, Novs voulons neantmoins pour quelque cauſe que ce ſoit ou puiſſe eſtre, & quelque dérogation qu'il y ait, icelles n'eſtre d'aucune force ou valeur, & ne ſortir aucun effet contre la teneur de ceſdites preſentes, ains les avons dés maintenant comme pour lors, enſemble toutes autres qui pourroient avoir eſté cy-devant faites, concedées &

octroyées, caſſées, revoquées, & annullées, de noſtre certaine ſcience, pleine puiſſance, & authorité Royale, voulans eſtre procedé contre ceux qui s'en voudroient aider au contraire de ceſdites preſentes, comme contre infracteurs & tranſgreſſeurs de noſdites Ordonnances.

XXII.

Et d'autant que pour l'execution de ceſdites preſentes, & perception de noſdits droicts de Gabelle, & obvier aux fraudes & malverſations qui ſe peuvent commettre au contraire, leſdits Receveurs, Controlleurs ou leurſdits Commis, auront beſoin de l'aſſiſtance, faveur, ſupport, aide & ſecours de pluſieurs perſonnes & Officiers; Nous conſiderans combien la multiplication d'iceux ſeroit pernicieuſe, & le moyen qu'ils auront de ſe pouvoir aider en cela, tant de ceux qui ont eſté & ſeront ordonnez pour noſtredit Impoſition foraine, que tous autres eſtablis & ordonnez pour nos Gabelles. Voulons & Nous plaiſt, que tous leſdits Officiers, tant Gardes, Peſeurs, qu'autres, à toutes heures qu'il ſera beſoin pour noſtre ſervice, & que par leſdits Receveurs ou Controlleurs, ou leurſdits Commis, ils en ſeront requis, ayent à leur obeir & entendre, ſans aucun contredit, & faire toutes choſes neceſſaires pour noſtredit ſervice, execution de ceſdites preſentes, & perception de noſdits droicts, ſur peine de privation de leurs Offices, ſans pour ce prendre autres gages & droicts, que ceux qui leur ont eſté ou ſeront ordonnez par noſdites Ordonnances, & proviſions de leurſdits Offices; en mandant à tous leſdits Maiſtres des Ports, ou leurs Lieutenans, & chacun d'eux ſur ce requis, y tenir la main & avoir l'œil de leur part, à ce que par leur faute il ne Nous en advienne aucune perte & dommage, ſur les peines devant dites.

XXIII.

Et voulons leſdits Receveurs & Controlleurs, ou leurſdits Commis, avoir lieu à part & ſeparé pour la perception de noſdits droicts, & execution de ceſdites preſentes, és Bureaux qui ont eſté ou ſeront par Nous eſtablis pour ladite Impoſition foraine de Gabelle.

XXIV.

Et pour ce qu'avant l'eſtabliſſement deſdits Maiſtres des Ports, il ſe pourroit preſenter pour l'execution de ceſdites preſentes, pluſieurs affaires & procez, dont la deciſion & connoiſſance leur a esté commise & attribuée; NOVS voulons que cependant & attendant ledit establissement, que nos autres Iuges & Officiers premier sur ce requis, en puissent juger & decider, & que les appellations qui seront interjettées des Iuges qui seront establis à Lyon, ressortissent aux Generaux de la Iustice des Aydes à Paris, celles des Juges de Marseilles au Parlement d'Aix en Provence, & celles de Roüen aux Generaux de la Iustice dudit lieu.

XXV.

ET pour ce aussi que par importunité ou autrement, Nous pourrions faire don cy aprés d'aucunes desdites confiscations ou amendes à Nous appartenantes, à cause de cette presente nostre Ordonnance; NOVS voulons pour quelque cause que ce soit, & quelque dérogation qu'il y ait és Lettres que Nous en pourrions faire expedier, qu'elles ne soient payées ne delivrées, fors par les mains des Receveurs qui en doivent recevoir les deniers, & aprés les frais & charges prealablement & entierement payées & acquittées.

SI DONNONS EN MANDEMENT à nos amez & feaux les Gens de nos Cours de Parlement, &c. DONNÉ à Amiens le dixiéme jour de Septembre, l'an de Grace mil cinq cens quarante-neuf; & de nostre Regne le troisiéme. Ainsi signé, Par le Roy en son Conseil, DV THIER.

Lecta, publicata, & Registrata, inquantum tangit domaniam Domini nostri Regis, audito Procuratore Generali Regis, hoc requirente Parisiis in Parlamento, vigesima quinta die Februarij, anno Domini millesimo quingentesimo quadragesimo nono. DV TILLET.

DECLARATION DV ROY HENRY III. Donnée à S. Maur des Fossez, au mois de Iuillet 1580.

Sur l'Edict des Traittes Domaniales.

HENRY par la Grace de Dieu, Roy de France & de Pologne : A tous ceux qui ces presentes Lettres verront, Salut. CHACUN sçait que pour Nous acquitter envers les Sieurs des Ligues de Suisses nos grands amis, alliez & confederez ; Et aprés avoir fait voir & rechercher en nos Finances tant ordinaires qu'extraordinaires les moyens d'y satisfaire. Nous aurions pour les plus prompts expediens & moins onereux à nos Subjets, fait au mois de Fevrier 1577. nostre Edict des Traittes & transports hors nostre Royaume, de Bleds, Vins, Toilles & Pastels : Et du depuis autres Declarations en amplifiant, icelles verifiées tant en nostre Cour des Aydes, que autres lieux où besoin a esté, & cy-attachées sous le contre-scel de nostre Chancellerie, par lesquelles Nous avons permis & accordé les Traittes & transports hors nostredit Royaume, des Laines estrangeres, Vins d'Espagne, Portugal, Grece, Canarie, & autres Pais, & aussi des Toiles fines & grosses de Flandre, Hollande, Pastels, & autres Marchandises des Pais susdits, contenuës esdites Declarations, si elles sont décenduës en terre, & mises és magasins dans nostredit Royaume, estre reputées de la nature & qualité de celles specifiées en nostredit Edict, en payant les droicts portez par iceluy & lesdites Declarations. Neantmoins Nous aurions esté bien advertis qu'en l'execution de nostredit Edict, il s'est commis plusieurs abus, fraudes & malversations par les Marchands & autres personnes faisans les transports desdits denrées & Marchandises, à quoy l'ordre qui y estoit requis n'a pû y estre donné par nos Officiers sur les lieux, & autres qui en ont eu la charge, soit pour n'avoir esté bien informez de nos vouloir & intention, ou pour avoir esté nostredit Edict defectueux en quelques points & articles, à quoy s'il n'estoit promptement pourveu par une bien ample Declaration de nos vouloir & intention, Nous ne pourrions faire Estat certain du fruict que Nous avons esperé en recueillir en peu d'années, pour l'effet que dessus. POVR CES CAVSES, & autres bonnes considerations à ce Nous mouvans, aprés avoir oüy en nostre Conseil les remontrances des Deputez des Gens des Estats de plusieurs Provinces de nostre Royaume, desirant establir un bon ordre & Reglement au fait desdites Traittes, AUONS de l'advis de nostredit Conseil, declaré & ordonné, ordonnons, voulons & Nous plaist.

I.

EN premier lieu, que nostredit Edict sur le faict des Traittes du mois de Fevrier 1577. sera executé en toutes les Provinces de nostre Royaume, Pais, Terres & Seigneuries de nostre obeïssance & protection, & sera intitulé & appellé Edict des Traittes Domaniales.

II.

ET parce que la reduction des denrées & Marchandises portées par nostredit Edict, à certain poids & mesure, est tres-necessaire à l'establissement d'un bon ordre & Reglement au faict desdites Traittes.

III.

NOVS avons suivant les anciennes Ordonnances de nos predecesseurs Rois, ordonné que chacun Tonneau de Bled Froment, & autres grains, sera de six septiers mesure de Paris, & chacun septier du poids de deux cens vingt livres ou enuiron, & les deux Tonneaux faisant le muid.

IV.

QUE chacun Tonneau de Vin sera de trois muids mesure de Paris, ou de deux pipes, quatre poiçons ou quatre bariques.

V.

LE Tonneau de Vin d'Espagne, Portugal, Grece, & autres Païs estrangers, sera de deux pipes.

VI.

ET le ballot de Toiles fines & linges ouvrez, sera du poids de cent cinquante, jusques à deux cens livres & au dessous.

VII.

Le ballot de toutes grosses Toiles, Canevas, Olonnes, & Bougrans, sera de quatre cens livres & au dessous.

VIII.

La balle de Pastel, de sept à huit vingt livres & au dessous, ou de quatre cabas pour balle, & en cas pareil, de Quesde ou Vovede, qui est espece de pastel, & la Cuve du poids de huit cens livres & au dessous.

IX.

Et la balle de Laines venant de Païs estrange, sera du poids de cent cinquante, jusqu à deux cens livres & au dessous.

X.

Le tout poids de marc, y compris les Tonneaux, fustailles, balles, serpillieres, & tout autre emballage.

XI.

Et lesquelles denrées & Marchandises cy-dessus specifiées & reduites audits poids, ceux qui les voudront transporter, seront tenus les faire peser en nostre poids en la Ville où seront lesdites Marchandises, & à l'instant de payer & acquitter nosdits droicts, amplement declarez, tant par nostredit Edict, que Declaration sur iceluy, entre les mains des Commis de nostre Receveur general ou Fermier desdites Traittes, selon & ainsi qu'il est accoustumé.

XII.

Et pour faciliter l'execution de nostredit Edict, & suivant iceluy, Nous avons derechef revoqué & revoquons tous Congez particuliers, de faire Traittes & transports des denrées & Marchandises susdites hors nostredit Royaume, par Nous accordez à quelques personnes, & pour quelque occasion que ce soit, declarant dés à present lesdits Congez nuls & de nul effet & valeur, sans que les Impetrans d'iceux s'en puissent aider ne prevaloir, à peine de confiscation desdites denrées & Marchandises, Navires, Vaisseaux, Chariots, Charettes & Chevaux où elles seront chargées & conduites, & de cinq cens escus sol d'amende, & autres peines portées par nostredit Edict; Et sera informé contre ceux qui depuis la publication d'iceluy y auroient contrevenu pour ce regard, afin d'estre punis selon l'exigence des cas, & aux peines declarées par iceluy nostre Edict.

XIII.

QUE pendant & durant le temps pour lequel Nous avons destiné les deniers provenans desdites Traittes, au payement desdits sieurs des Ligues de Suisses, nulles personnes soit particuliers, Corps de Villes, Convents, Colleges, Communautez, & autres de quelque estat, qualité ou condition qu'ils soient, ne se pourront dire exempts du payement d'iceux, & ne voulons ny entendons que les Bleds & Vins vendus és Foires franches, soient enlevez & menez hors nostre Royaume, sans au prealable avoir payé ledit droict de Traittes, és mains de nostredit Receveur general ou Fermier, d'autant que nos predecesseurs Rois & Nous, n'avons aucunement entendu cy-devant que le Commerce & transport desdites Marchandises fust libre, pour éviter que nos Subjets en eussent besoin & disette; Neantmoins à present que la fertilité d'icelles est grande en nostredit Royaume, NOUS en avons accordé le libre transport, jusqu'à ce que par Nous en soit autrement ordonné, en payant toutesfois nosdits droicts, sans qu'aucuns s'en puissent dire exempts, pour quelques anciens ou nouveaux Priviléges qu'ils puissent alleguer; Lesquels Privileges pour ledit temps seulement, Nous avons suspendus & suspendons, & ne voulons s'estendre & avoir lieu à l'endroit de nosdits droicts de Traittes, sans y prejudicier toutesfois en autres exemptions, franchises & immunitez.

XIV.

ET pour éviter aux grands abus qui se commettent par les Marchands & autres, tant Regnicolles qu'Estrangers, qui font lesdits transports jusqu'aux Frontieres de nostredit Royaume, & de là passent outre sans payer nosdits droicts, sous pretexte des Congez & Passeports à Caution, qu'ils ont obtenus des Commis de nostre Receveur general, ou du Fermier desdites Traittes; Il ne sera loisible ausdits Marchands ne autres, sur peine de confiscation desdites denrées & Marchandises, Navires, Vaisseaux, Charettes & Chevaux où elles seront chargées & conduites, ou de la valeur d'iceux, & de cinq cens escus d'amende, & autres peines portées par nostredit Edict, de charger ne enlever aucunes denrées pour en faire transport en nostredit Royaume, ou de Province en Province, ou de lieu en autre quelque proche qu'il soit, sans s'adresser aux Commis de nostredit Receveur general ou Fermier desdites Traittes, du plus prochain Bureau des lieux desdits chargemens, pour y prendre les Acquits, Congez & Passeports en la forme qu'ensuit, à sçavoir :

XV.

Que ceux qui voudront transporter par Mer ou par Terre lesdites denrées & Marchandises hors de nostredit Royaume, ou és Provinces où le droict des Traittes n'a pû encore estre estably, seront tenus d'apporter leur Chartres Parties, & Lettres de Cargaison, avec les Declarations desdites Marchandises qu'ils voudront charger, sous leurs signatures, aux Commis de nostre Receveur general ou du Fermier de nosdits Traittes, & suivant lesdites Chartes Parties & declarations, payer ausdits Commis nosdits droicts des Traittes, & prendre d'eux les Acquits, Congez & Passeports necessaires ; Et pour cét effet, AVONS inhibé & defendu aux Maîtres des Navires & Vaisseaux, ne commencer leur Cargaison, ny recevoir aucunes Marchandises en leursdits Navires & Vaisseaux, ny se mettre en Mer, sans avoir leurs Chartes Parties & enseignemens de leurdite Cargaison, & sans estre garnis & saisis desdits Acquits, Congez & Passeports, le tout à peine de confiscation d'icelles Navires, Vaisseaux, Chevaux, Chariots, & Charettes où elles seront chargées, conduites & voiturées, & ausdits Maistres de Navires & Vaisseaux, & Conducteurs d'iceux, de punition corporelle.

XVI.

Et pour éviter aux abus qui se font ordinairement au transport de toutes les Marchandises contenuës en nostredit Edict, de la Province de Normandie, pour estre menées en celles où nostredit droict n'a pû encore estre levé & estably, Nous voulons & entendons que toutes lesdites Marchandises payent nosdits droicts, tout ainsi que si elles estoient transportées hors nostredit Royaume.

XVII.

Ceux qui ne voudront faire transport desdites denrées & Marchandises que de Province en Province, pourveu que ce ne soit és Provinces où nostredit droict des Traittes n'a encore esté estably, ou qui voudront faire ledit transport de lieu en autre de nôtredit Royaume, en éloignant toutesfois les Frontieres d'icelles, ou ne les approchant plus prés que de quatre lieuës, tant par Mer que par Terre, seront aussi tenus d'apporter aux Commis de nostredit Receveur general ou Fermier desdites Traittes, la declaration sous

ſous leurs ſignatures deſdites Marchandiſes, & des Navires, Vaiſſeaux, Chariots & Charettes où elles ſeront chargées, conduites & voiturées, & prendre leſdits Congez & Paſſeports, en conſignant nos droicts és mains deſdits Commis, ou bien en baillant Caution avec Certificateurs, leſquels avec le Marchand ou Marchands ou leurs Facteurs & Conducteurs deſdites Marchandiſes, par Acte que dreſſeront leſdits Commis, promettront l'un pour l'autre & un ſeul pour le tout, & s'obligeront comme pour nos propres deniers & affaires, de payer noſdits droicts de Traittes pour raiſon d'icelles Marchandiſes contenuës eſdits Paſſeports & Actes, enſemble la valeur deſdites Marchandiſes, & des Navires, Vaiſſeaux, Chariots, Charettes & Chevaux où leſdites Marchandiſes auront eſté conduites & voiturées, dont viſitation & appreciation en ſera faite par gens à ce connoiſſans, & inſerées audit Acte, de rapporter certification de la décente, vente & delivrance deſdites denrées & Marchandiſes au lieu qui avoit eſté declaré par ledit Acte; ladite certification bien & deuëment expediée par les Commis au Bureau deſdites Traittes audit lieu, s'il y en a d'eſtablis, ſinon du Bureau le plus proche d'iceluy, laquelle certification ils rapporteront dans le temps porté par ledit Acte; & en ce faiſant, les deniers qu'ils auront conſignez pour noſdits droicts leur ſeront rendus, ou bien eux & leurdite Caution & Certificateur ſeront déchargez ſur les Regiſtres deſdits Commis, leſquels garderont & retiendront ladite certification pour la preſenter à noſtredit Receveur general ou Fermier deſdites Traittes quand ils voudront, & huit jours aprés ledit temps paſſé ſeront tenus & contrains ou leur Caution & Certificateur, de payer & ſatisfaire au contenu dudit Acte, lequel pour ſeureté de ce, ſera ſigné par le Marchand ou Marchands, ou leurs Facteurs & Conducteurs d'icelles Marchandiſes, & auſſi par ladite Caution & Certificateur qui ſeront dénommez dans ledit Acte, lequel NOUS voulons eſtre de telle force & vertu, comme s'il eſtoit fait judiciairement ou pardevant Notaires.

XVIII.

CEUX qui declareront vouloir faire leſdits tranſports és lieux & Villes de noſtredit Royaume, plus proches deſdites Frontieres que de quatre lieuës, apporteront ſemblablement audit Commis de noſtre Receveur general ou Fermier deſdites Traittes, la declaration sous leurs signatures, des denrées & Marchandises qu'ils voudront charger & enlever, suivant laquelle lesdits Commis leur bailleront lesdits Congez & Passeports, aprés avoir consigné en leurs mains nosdits droicts, & baillé Caution de la valeur desdites Marchandises, ensemble des Navires, Vaisseaux, Chevaux, Chariots & Charettes où elles auront esté chargées, conduites & voiturées; laquelle Caution & Certificateur avec les Marchands, ou leurs Facteurs ou Conducteurs desdits desdites Marchandises, par Acte qui sera dressé par lesdits Commis, promettront & s'obligeront en la mesme forme & maniere que dit est au prochain precedent Article, dont ils seront déchargez ou leurs deniers rendus, en rapportant dedans le temps porté par ledit Acte, certification expediée, ainsi que dit est au prochain precedent Article, des Commis au Bureau estably en la Ville où ils auront declaré vouloir faire transporter lesdites denrées & Marchandises, de la décente, décharge, vente & debit d'icelles, s'il y a Bureau estably pour le faict desdits Traittes, plus prés de ladite Frontiere que de quatre lieuës, auquel Bureau ils prendront des Commis Acquit du payement fait de nosdits droicts, Congé & Passeport, avant qu'en pouvoir sortir, & s'il n'y a Bureau en rapportant certification signée du Iuge, ou des Maires & Eschevins dudit lieu ou Ville, ou des Gardes plus prochains dudit lieu où ils auront fait ledit transport, comme lesdites Marchandises y auront esté déchargées, venduës & distribuées dans le temps qui leur aura esté prefix & limité par l'Acte des Commis, où ils auront premierement pris Congé & Passeport ou consigné nosdits droicts, eux & leurdite Caution, demeurans déchargez, ou bien leurs deniers consignez, rendus, le tout aux peines amplement declarées par le susdit prochain precedent Article; Et ce pour éviter aux grands abus & fraudes qui se font ordinairement par ceux qui ayant conduit & mené les denrées & Marchandises jusques à la Frontiere, & les y ayant déchargez, rapportent lesdits certificats, & peu de temps aprés font aisément lesdits transports hors du Royaume, estant si proche de la Frontiere.

XIX.

Et d'autant que les Laines, Chanvres & Lins, qui sont du crû de nostredit Royaume, sont tres-necessaires pour la manufacture & usage de nos Subjets; Novs ne voulons ny entendons, suivant nostredit Edict, qu'il sorte aucuns Lins, Chanvres & Laines du crû de nostredit Royaume, ny fils de ces especes en quelque façon & maniere que ce soit, à peine de confiscation, & de cinq cens escus d'amende ; & voulons que le Commis de nostredit Receveur general ou Fermier de nosdites Traittes, les saisissent & mettent en nostre main, ensemble les Navires, Vaisseaux, Chevaux, Chariots & Charettes où elles seront chargées, conduites & voiturées, & ce pour obvier aux fraudes, abus & falsifications qui se seront commises & pourroient commettre aux transports desdites Laines, sous pretexte de dire qu'elles sont estrangeres.

XX.

Et quant aux Vins d'Espagne, Portugal, Grece, Canarie, & autres Païs estrangers, semblablement aux Toiles fines ou grosses de Flandre, Hollande, Pastel, & autres Marchandises estrangeres, de la nature de celles specifiées tant par nostredit Edict, que par la presente Declaration; Novs voulons que si elles sont décenduës en terre ou mises en Magasins, & aprés rechargées pour estre transportées hors nostredit Royaume, elles soient reputées du crû d'iceluy, & comme telles sujettes à nosdits droicts de Traittes, tels & semblables à ceux qui nous seront deubs & payez pour les Vins, Toilles & Pastels du crû de nostredit Royaume, sans avoir égard aux oppositions & empeschemens faits & donnez par les Habitans de, nostre Ville de Calais & autres, tant nos Subjets qu'Estrangers.

XXI.

Et pour le regard des Bureaux ja establis, pour le faict desdites Traittes és Provinces de nostredit Royaume ; Novs voulons que nostre Receveur general ou Fermier d'icelles, les puissent diminuer ou augmenter, & changer en chacune desdites Provinces, ainsi qu'il verra estre à faire, tant pour la commodité & soulagement des Marchands, que pour la conservation de nosdits droicts.

XXII.

Vovlons & entendons que tous passages esdites Provinces pour le faict desdites Traittes, où il n'y aura Bureaux establis, ou passages permis par nostredit Receveur general ou Fermier d'icelles, soient interdits & defendus, comme passages faux & obliques, aux peines portées par nostredit Edict & presente Declaration.

XXIII.

Et parce que la conservation de nos droicts de Traittes dépend de la vigilance & bon devoir des Gardes qui seront establis, tant és Bureaux, que des Ports, Havres, lieux & passages qui seront permis & ouverts par nostredit Receveur general ou Fermier desdites Traittes; Novs voulons & ordonnons, que suivant les Edits de nos predecesseurs Rois, & le nostre dernier, du mois de Fevrier 1577. & nostre presente Declaration, il soit estably par nostredit Receveur ou Fermier, si bon luy semble, des Gardes és lieux des Bureaux de la regle desdites Traittes, pour verifier les Acquits, Congez & Passeports qui seront donnez par leurs Commis ausdits Bureaux, & lesquels Gardes certifieront ladite verification sur le dos desdits Acquits, Congez & Passeports, à ce qu'il ne se commette aucune fraude à la sortie de nostredit Royaume.

XXIV.

Establira aussi nostredit Receveur general ou Fermier desdites Traittes (si bon luy semble) autres Gardes, és passages par luy permis aux extrémitez de nostredit Royaume, lesquels verifieront le contenu ausdits Acquits, Congez & Passeports, & certifieront le contenu sur le dos d'iceux, le temps auquel ledites denrées & Marchandises seront sorties, & sans pour ce prendre aucune chose des Marchands, non plus que les autres Gardes cy-dessus.

XXV.

Et où à la sortie, les chargemens desdites denrées & Marchandises ne se trouveroient conformes ausdits Acquits, Congez & Passeports; Novs ordonnons ausdits, Gardes & aux Commis de nostredit Receveur general ou Fermier d'icelles, les saisir, arrester & mettre sous nostre main, ensemble les Navires, Vaisseaux, Chevaux, Chariots, & Charettes, où ils se trouveront chargez & conduites, pour y estre confisquées, & ceux à qui elles appartiendront, condamnez és peines & amendes portées par nostredit Edict, & la presente Declaration, & ce par nos plus prochains Juges ordinaires des lieux, ou tels autres que voudra nommer le Fermier desdites Traittes.

XXVI.

Et pour encore mieux couper chemin aux abus & malversations qui se commettent aux transports qui se font dans nostre Royaume, de Province en Province, ou de lieu en autre de la mesme Province, sous pretexte des Congez & Passeports à caution; Novs voulons & entendons, que lesdits Gardes cy-dessus, fassent le mesme devoir pour ce regard, comme pour ce qui sort hors nostredit Royaume, & que les certificats de la décente, vente & distribution, qu'apporteront lesdits Marchands & autres qui auront faits lesdits transports, soient representez aux Commis de nostredit Receveur general ou Fermier du Bureau où ils auront pris lesdits Congez & Passeports à caution, pour en estre déchargez les Registres desdits Commis ; & seront lesdits certificats signez des Commis de nostredit Receveur general ou Fermier de nosdits droicts de Traittes, si au lieu de la décente & déchargement il y a Bureau pour ce estably ; & où il n'y en auroit, lesdits certificats seront signez du Juge ordinaire, ou des Maires & Eschevins, & des Gardes dudit lieu, le tout à peine de confiscation, & amendes portées par nostredit Edict, & presente Declaration.

XXVII.

Et pour plus prompte execution de nostredit Edict, & de ces presentes, Nous avons donné & donnons pouvoir & permission à tous les Commis de nostredit Receveur general ou Fermier desdites Traittes, & aux Gardes qui auront bonne Commission de l'un d'eux, faire tous Exploits d'Arrests, Saisies, Adjournemens, & Commandemens pour le faict de leursdites Commissions & Charges, pendant le temps d'icelles seulement, que voulons estre de tel effet & valeur, que si faites estoient pas nos Huissiers ou Sergens, ausquels Nous imposons silence pour ce regard, défendant à tous de s'en immisser, si ce n'est à la Requeste des Commis, tant Provinciaux que particuliers en chacun Bureau desdites Traittes, pour nostredit Receveur general ou Fermier d'icelles, ou des Gardes ayans leurs Commissions, ou bien en les accompagnant ou faisant escorte ; ausquels Commis & Gardes, & ceux qui les accompagneront & escorteront, Nous avons permis & permettons porter toutes armes offensives & defensives pour la seureté de leurs personnes & de nos deniers, lesquels en outre Nous avons pris & mis, prenons & mettons par cesdites presentes, ensemble leurs femmes, enfans, familles & biens, en & sous nostre protection & sauvegarde speciale, que voulons estre signifiées & publiées és lieux accoustumez, & à telles personnes qu'il appartiendra, en faisant expresses inhibitions & defenses à toutes personnes generalement quelconques, sur peine de confiscation de leurs biens, & de punition corporelle, de leur méfaire ny médire en corps ou en biens, en quelque maniere que ce soit ; & defendant aussi aux

Marchands & Voituriers par terre, d'aller en grosses troupes, ny user d'aucunes forces ou violences contre lesdits Commis & Gardes, aux mesmes peines de confiscations des biens, & punition corporelle.

XXVIII.

Et pour le faict de la Justice & contraventions à nostredit Edict, & à ces presentes, ensemble des abus, exceds & malversations, procez & differends meus, non encore jugez & autres à mouvoir pour le faict desdites Traittes, payement de nosdits droicts, & confiscation & amendes, circonstances & dépendances, concernant l'execution de nostredit Edict; Nous en avons suivant iceluy attribué, & par ces presentes attribuons en premiere instance la connoissance aux plus prochains nos Juges ordinaires des lieux où seront commises lesdites contraventions, abus & malversations: Neantmoins le Fermier de nosdites Traittes pourra s'aider pour ce que dessus, de tels autres Juges que bon semblera audit Receveur general ou Fermier.

XXIX.

Si Donnons en Mandement aux Gouverneurs de nos Provinces, ou Lieutenans esdits Gouvernemens, Admiraux, Vice-Admiraux, Tresoriers de France & Generaux de nos Finances, Baillifs, Seneschaux, Prevosts, Maistres des Ports, Ponts, Peages, Passages, & à tous nos autres Justiciers & Officiers, & à chacun d'eux, si comme appartiendra, que nostre presente Declaration, Ordonnance & Reglement, ils fassent lire, publier & enregistrer en leurs Cours, Sieges & Jurisdictions, & par tout ailleurs où il appartiendra, mesme aux Ports, Havres & passages par lesquels on peut faire lesdites Traittes & transports, & le contenu en icelle, fassent entretenir, garder & observer de point en point selon sa forme & teneur, procedant & faisant proceder contre ceux qui enfraindront & y contreviendront, par les peines contenuës cy-dessus: Car tel est nostre plaisir, nonobstant quelconques Ordonnances, tant anciennes que modernes, faites par nosdits predecesseurs Rois, & Nous, sur le faict desdits Traittes, transports hors nostredit Royaume, & quelconques Ordonnances, restrinctions, Mandemens, Defenses, & Lettres à ce contraires, ausquelles pour les considerations susdites, Nous avons dérogé & dérogeons par cesdites presentes. Et parce que d'icelles on pourra avoir affaire en plusieurs & divers lieux, Nous voulons qu'au vidimus qui en sera fait sous Scel Royal, ou copie collationnée par l'un de nos amez & feaux Notaires & Secretaires, foy soit adjoustée comme au present Original, auquel en témoin de ce Nous avons fait mettre nostre Scel. DONNE' à S. Maur des Fossez, au mois de Juillet, l'an de Grace mil cinq cens quatre-vingts : Et de nostre Regne le septiéme. Ainsi signé, Par le Roy en son Conseil, FORGET. Et scellé en double queuë du grand Sceau de cire jaune.

EXTRAICT DES REGISTRES *de la Cour des Aydes.*

EV par la Cour, les Lettres Patentes du Roy, données à Saint Maur des Fossez, au mois de Juillet 1580. signées, Par le Roy en son Conseil, FORGET, & scellées sur double queuë de cire jaune du grand Scel, en forme de Declaration, sur les Lettres d'Edict du mois de Fevrier 1577. tant sur le faict des Traittes des Bleds, Vins, Toiles & Pastels, sortans hors ce Royaume, que des Laines estrangeres, Vins d'Espagne, Portugal, Grece, Canarie, & autres, Païs, & aussi des Toiles grosses & fines de Flandre, Holande, Pastels, & autres Marchandises des Païs susdits, contenuës esdites Lettres de Declaration, si elles sont décenduës en terre & mises és magasins dans cedit Royaume ; lesdites Lettres d Edict, tant dudit mois de Fevrier 1577. que dudit mois de May 1578. avec la verification d'icelle faite. Autres Lettres dudit Sieur, données à Paris le 23. Mars 1582. signées, Par le Roy, à la Relation du Conseil, Gourdon, & scellées sur simple queuë de cire jaune du grand Scel, à ladite Cour adressantes, par lesquelles ledit Sieur mande, ordonne, & tres-expressément enjoint à ladite Cour, qu'elle ait à proceder à la verification & entherinement desdites Lettres dudit mois de Juillet, de point en point selon sa forme & teneur, sans y faire aucun refus, modification ny restriction, nonobstant l'obmission dudit adressé & surannation d'icelles : La Requeste presentée à ladite Cour le deuxiéme Avril 1582. par Maistre Mathurin Sanguin Fermier Adjudicataire desdites Traittes, requerant la verification & entherinement desdites Lettres, selon leur forme & teneur; les Conclusions du Procureur general, auquel le tout a esté communiqué; Et le tout veu & considere. LA COVR a ordonné & ordonne, que lesdites Lettres du mois de Juillet 1580. seront registrées és Registres d'icelle, pour du contenu en icelles joüir par ledit Sanguin, ainsi que le Roy le veut & mande, à la charge qu'il s'aidera au faict desdites Traittes, des Officiers pourveus en titre d'Office, ausquels il sera tenu faire payer les droicts & gages accoustumez, & que les Marchands & Voituriers ne pourront & ne seront tenus acquitter sinon aux extrémitez de leurs Provinces, & ne pourra establir ledit Sanguin aucuns Bureaux aux Chemins & voyes obliques & détournées, ains seulement sur les grands Chemins, & ce par l'advis des Tresoriers generaux de la charge & Officiers desdits Bureaux, sans toutesfois qu'ils puissent apporter aucune incommodité aux prochaines Provinces; & outre, à la charge que les appellations qui seront interjettées des Sentences & Jugemens qui seront donnez par lesdits Officiers, mesme des saisies & autres procedures, ressortiront & se vuideront par appel en ladite Cour, & non ailleurs. Prononcé le douziéme jour de May mil cinq cens quatre-vingt-deux. Signé, PONCET.

DECLA-

DECLARATION DU ROY HENRY III.

Donnée à Paris, le troisiéme Octobre 1581.

Sur l'Entrée des Denrées & Marchandises en ce Royaume.

HENRY par la Grace de Dieu, Roy de France & de Pologne : A tous ceux qui ces presentes Lettres verront, Salut. LES Rois nos predecesseurs, pour certaines bonnes & raisonnables causes, concernans le bien, profit & utilité de nostre Royaume, & de la chose publique d'iceluy, conservation & augmentation de nostre Domaine, auroient fait plusieurs Edicts, Statuts & Ordonnances sur l'Entrée & Sortie des denrées & Marchandises en nostredit Royaume, & sur partie d'icelles ordonné estre pris & levé quelques droicts & subsides moderez, tant pour éviter la foule de nos Subjets, que pour entretenir le Commerce avec les Nations estranges, & par tel moyen pouvoir aucunement aider à la necessité de nos affaires continuelles, sçachant qu'en nostredit Royaume l'on apporte de plusieurs & diverses Provinces estrangeres, grande quantité de denrées & Marchandises, sur lesquelles jusques à present n'a esté levé par Nous aucun droict general à leur Entrée & apport d'icelles; Considerant qu'à l'advenir il en porroit resulter un grand bien à l'augmentation de nos Finances, sans la surcharge de nos Subjets, qui pourront d'ailleurs estre soulagez: SÇAVOIR FAISONS, qu'aprés avoir esté ce faict meurement consideré en nostre Conseil, où estoient aucuns des Princes de nostre Sang, & autres Princes & Seigneurs de nostredit Conseil, AUONS de nostre certaine science, pleine puissance & Authorité Royale, DIT, declaré & ordonné, DISONS, declarons & ordonnons, qu'à l'advenir les denrées & Marchandises venans des Païs estrangers, entrans en cettuy nostredit Royaume, Païs, Terres & Seigneuries de nostre obeïssance, soit par Mer ou par Terre, qu'elles y soient amenées ou conduites, payeront à leur arrivement & entrée entre les mains de nos Receveurs, Fermiers ou Commis, les sommes contenuës en l'Estat & Reglement attaché à ces presentes, sous le contrescel de nostre Chancellerie, à quoy Nous avons fait taxer icelles denrées & Marchandises estrangeres, sur lesquelles cy-devant n'a esté, comme dit est, levé aucun droict d'entrée, que NOVS voulons, ordonnons & Nous plaist, estre payé à l'advenir par les Marchands ou Conducteurs d'icelles, à l'Entrée qu'ils en feront en nostredit Royaume, Païs, Terres & Seigneuries de nostredite obeïssance, sans exception d'aucune personnes, pour quelques causes ou occasions que ce soit, Privileges ou Exemptions d'autres droicts & subsides, sur peine de confiscation d'icelles denrées & Marchandises qui n'auront esté acquittées, & des Navires, Batteaux & autres Vaisseaux, Charettes, Chevaux & Mulets qui les apporteront, lesquelles denrées & Marchandises ne pourront passer ny estre déchargées en aucune maniere, que prealablement nosdits droicts n'ayent esté bien fidellement payez & acquittez, ainsi qu'il est contenu & declaré audit Reglement, au cas toutesfois que lesdites Marchandises cy-dessus declarées n'ayent payé à Lyon ou ailleurs, auquel cas faisant apparoir par bonne & suffisante Certification qu'ils ayent payé, en seront déchargez : VOULANT à cette fin, que tous Mariniers, Voituriers, Conducteurs desdites denrées & Marchandises, en l'absence des Proprietaires d'icelles, ou de leurs Commis & Facteurs, ayent incontinent qu'ils seront arrivez, à bailler par Declaration au Bureau où se fera la perception desdits droicts d'Entrée, la quantité d'icelles denrées & Marchandises, par poids ou par nombre, selon leurs qualitez, sans aucune fraude ou deception, sur peine de confiscation de la totalité, & des Vaisseaux, Chevaux, Charettes qui les auront apportées; DEFENDANT tres-expressément à toutes personnes, de quelque Estat, qualité ou condition qu'ils soient, & sous quelque couleur ou pretexte que ce soit, de décharger de nuict aucunes desdites Marchandises, ny aux costes ou rades, si ce n'est par la permission & consentement des Officiers qui seront par Nous sur ce Commis, & de l'exprés consentement de nos Receveurs ou Fermiers, sur les mesmes peines de confiscation cy-dessus declarées ; Ce que mesmement NOVS voulons & entendons estre observé & pratiqué à l'endroit de ceux qui feroient entrer par terre d'aucunes desdites denrées & Marchandises, par Chemins estrangers obliques, & non pratiquez & accoustumez pour l'entrée des Marchandises estrangeres en cettuy nostre Royaume, & mesme ainsi qu'il est sité pour la sortie des Marchandises qui sortent de cettuy nostre Royaume : Declarant tout ce qui seroit trouvé aux autres chemins estre confiscable, sans aucune moderation, afin que par ce moyen Nous ne consommions en frais les droicts qui Nous pourront revenir de ladite Entrée, & aussi pour éviter aux abus & malversations qui autrement se pourroient commettre. SI DONNONS EN MANDEMENT à nos amez & feaux les Gens tenans la Cour de nos Aydes à Paris, que ces presentes & ledit Reglement ils fassent lire, publier & enregistrer; & à nos Gouverneurs, Lieutenans generaux, Admiraux, Vice-Admiraux en nos Païs & Provinces, Tresoriers generaux de nos Finances, Baillifs, Seneschaux, Prevosts, Vicomtes, Maistres des Ports, leurs Lieutenans, & tous autres nos Iusticiers & Officiers qu'il appartiendra, que cesdites presentes, ensemble ledit Reglement par Nous ainsi fait pour la perception desdits droicts d'Entrée, ils fassent, chacun en droict soy respectivement, entretenir & inviolablement garder & observer de point en point, selon leur forme & teneur, sans moderer ou diminuer aucunement les peines & rigueurs portées par cesdites presentes contre les contrevenans, le tout nonobstant oppositions ou appellations quelconques, & sans prejudice d'icelles, pour lesquelles ne voulons aucunement estre differé; dérogeant en tant que besoin seroit, à toutes Lettres, Statuts & Ordonnances à ce contraires, ausquelles & aux dérogatoires des dérogatoires y contenuës, Nous avons dérogé & dérogeons par ces presentes : CAR tel est nostre plaisir. DONNÉ à Paris, le troisiéme jour d'Octobre, l'an de Grace 1581. & de nostre Regne le huitiéme. Signé, HENRY. Et sur le reply, Par le Roy, signé PINART. Et scellées, sur double queuë de cire jaune, du grand Scel. Et plus bas est écrit:

Leuës publiées & registrées en la Cour des Aydes à Paris, oüy & ce consentant le Procureur General du Roy, du tres-exprés Commandement dudit Seigneur, par plusieurs fois reïteré. A Paris en ladite Cour des Aydes, le dernier jour de Ianvier l'an 1582. Signé, PONCET.

REGLEMENT GENERAL DV CONSEIL D'ESTAT DV ROY,

Du dernier May 1607.

POUR la Regie, Levée & Perception des Droicts des Cinq grosses Fermes, & autres y jointes.

Extraict des Registres du Conseil d'Estat.

UR ce qui a esté representé au Roy en son Conseil, par Maistre Charles du Ham, Fermier general des Cinq grosses Fermes de France, la Doüane de Lyon y comprise; Qu'encores que les Edicts & Ordonnances, Declarations, Arrests & Reglemens faits & donnez concernans lesdites Fermes, fassent évidemment voir que les Rois, predecesseurs de sa Majesté, ont cy-devant eu un soin particulier des droits d'icelles, reconnoissans bien que ce sont les plus anciens & les plus legitimes revenus de l'Estat, & ceux qui sont le moins à charge à leurs Subjets. Neantmoins depuis plusieurs années les Officiers qui les ont administrées, aussi bien que les Fermiers qui les ont tenuës à Ferme, ont tellement negligé de les faire valoir, & executer lesdits Edicts & Ordonnances dans leur severité, que ce manquement a donné une telle licence aux Marchands, que la plufpart d'iceux font sortir leurs Marchandises & denrées dans les Païs estrangers & Provinces reputées estrangeres, & les en font venir, sans se soucier presque de payer lesdits droits; & si quelquefois les Commis & Gardes du Suppliant les saisissent, les Juges Souverains & inferieurs sont si indulgens à l'avantage des Marchands, au prejudice desdits droits; que contre les defenses si expresses contenuës en icelles, ne se soucient nullement par leurs Arrests & Jugemens de les renverser; Que s'il n'y est pourveu promptement par l'authorité de sa Majesté; Elle verra dans peu que lesdits droits, dont a esté fait un si rare & si singulier estat, se reduiront à si peu, qu'à peine vaudront-*ils* les frais. A CES CAVSES, iceluy du Ham requeroit qu'il plûst à sa Majesté, pour restablir lesdites Fermes, remettre lesdits Edicts & Ordonnances d'icelles en leur vigueur, de faire un Reglement geral, ferme, solide, & conforme à icelles, afin de donner de la crainte à ceux qui les méprisent, & fermer la porte à la fraude aux susdits droits, & contraventions journalieres qui se font à icelles. VEV tous les susdits Edicts, Ordonnances, Declarations & Reglemens faits depuis les années 1369. & 1376. jusques à present, estans en un gros cahier, Baux & Tarifs faits en suite, plusieurs Arrests & Jugemens contraires à icelles, & autres pieces : Aprés avoir oüy le Rapport des sieurs Conseillers d'Estat, Commissaires à ce deputez; Et tout consideré.

ARTICLE I.

LE ROY EN SON CONSEIL, ayant égard ausdites remonstrances, & voulant remettre les susdits Edicts & Ordonnances des Rois ses predecesseurs, en leur lustre & vigueur, reprimer les abus & desordres qui s'y sont glissez par le passé, & establir un bon ordre à l'avenir : A ORDONNÉ & ordonne, que suivant & conformément à icelles, toutes les Marchandises & denrées qui seront transportées de France dans les Païs estrangers, ou Provinces du Royaume où les Bureaux pour la perception des droits desdites Fermes ne sont establis, payeront les droits des Traittes Foraines & domaniales deubs pour icelles; Comme aussi, celles qui en viendront, payeront les droits d'Entrée, suivant les Baux, Pancartes & Tarifs d'icelles Fermes, à peine de confiscation desdites Marchandises & denrées, & des Navires, Vaisseaux, Batteaux, Chevaux, Charettes & équipages, & d'amende arbitraire.

II.

QUE lesdits droits seront payez, sçavoir, ceux de Sortie aux premiers & plus proches Bureaux des enlevemens & chargemens; & pour ceux de l'Entrée, au premier & plus proche Bureau de l'Entrée, sans se pouvoir excuser par les Marchands, leurs Facteurs & Voituriers, sur les Bureaux qui sont les plus avancez, soit en sortans ou entrans; & en cas, qu'il n'y soit satisfait, le tout sera saisi, & procedé à la confiscation, comme dit est.

III.

VEUT & entend Sadite Majesté, que de tous les susdits droits aucunes personnes quelles qu'elles soient, Provinces, Villes, Bourgs, Parroisses & Communautez, Princes, Seigneurs, Gentilshommes, Nobles, Religieux & autres, soit de leur crû, concrû, pour leur provision, service, usage ou autrement, n'en seront exempts; ains que nonobstant tous les Privileges qu'ils pourroient pretendre & avoir, qu'iceux droits seront payez, & par corps; pour lequel payement, en cas de refus, les Receveurs & Commis du Fermier pourront decerner leur contraintes contre les redevables, comme pour les deniers & affaires de sa Majesté.

IV.

ET d'autant que les Marchands, leurs Facteurs, Voituriers & Conducteurs desdites Marchandises & denrées, pour frauder lesdits droits prennent souvent des voyes & chemins détournez, qui ne vont & n'aboutissent pas droittement aux Bureaux desdites Fermes; Sa Majesté veut & ordonne, qu'ils tiendront & garderont les chemins & passages où sont & seront establis iceux Bureaux, declarant tous autres chemins faux & obliques, & comme tels prohibez & defendus; avec defenses d'y passer, ny de voguer, ny marcher de nuit, le tout aux mesmes peines.

V.

VOULANT en outre que lesdites Marchandises & denrées soient directement conduites & déchargées ausdits Bureaux, & là y faire leurs Declarations precises & certaines, comme sera dit cy-aprés, & y payer les droits deubs, & tous entreposts defendus en quelques lieux que ce soit, à peine de confiscation & d'amende.

VI.

ET pour éviter autant qu'il se peut les fraudes, abus & malversations qui se commettent journellement aux susdits droits par lesdits Marchands, leur Facteurs & Voituriers, en ce qui regarde & concerne les Declarations qu'ils doivent faire; Sadite Majesté a ordonné & ordonne, qu'auparavant l'ouverture des balles & balots, & visites des Marchandises & denrées estans dans iceux, ils seront tenus de bailler & mettre és mains des Commis desdits Fermiers, un Inventaire, Memoire ou Facture, signé d'eux, contenant au vray, & sans aucune supposition ou déguisement, toutes & chacunes les Marchandises & denrées qu'ils transportent ou conduisent, par poids, par nombre, ou quantité & qualité, sans aucune chose en reserver; Aprés lesquelles Declarations, Memoires, Factures ou Inventaires ainsi baillez, si lors de la visite qui se fera il s'en trouve autre ou plus grande quantité, ou que l'une fut supposée ou déguisée pour l'autre, en ce cas le tout sera & demeurera confisqué au profit d'iceux Fermiers, & les Fraudeurs condamnez en l'amende.

VII.

Et comme assez souvent, lors que les Marchands & Proprietaires desdites Marchandises & denrées se voyant surpris en fraude desdits droits ou contraventions ausdits Edicts & Ordonnances, s'excusent sur leurs Facteurs, Serviteurs ou Voituriers; A Sadite Majesté ordonné & ordonne, que si les Declarations faites par iceux sont fausses, supposées & non veritables, que les Proprietaires desdites Marchandises & denrées en seront & demeureront garands & responsables, comme si eux-mesmes les avoient faites & baillées, & que les Marchandises seront pareillement saisies & confisquées, avec les Vaisseaux, Charettes & équipages.

VIII.

Et quant aux Marchandises & denrées qui sont transportées aux Frontieres de ce Royaume, & és Villes, Bourgs & Villages qui sont scituez aux limites d'iceluy, & au delà des Bureaux desdites Fermes, sous faveur des Acquits à caution que les Commis delivrent journellement aux Marchands & particuliers Habitans desdits lieux, pour les choses qu'ils disent estre pour leurs provisions & subsistances, lesquelles y estans déchargées en rapportent Certificat de la décente : Mais assez, & trop souvent, à cause de la proximité desdites Frontieres avec les Païs estrangers, ils les y transportent facilement, & par ces moyens iniques fraudent lesdits droits, à la ruine des susdites Fermes; Desirant Sa Majesté y pourvoir, ou au moins y apporter toutes les precautions requises: A ordonné & ordonne, que dans le temps qui sera prefix & limité par iceux Acquits ausdits Marchands & particuliers Habitans desdites Frontieres, ils rapporteront à iceux Commis Certificat en bonne & deuë forme, soit des Commis desdites Fermes, s'il y en a, ou des Notaires, Maires, Eschevins, Syndics, ou Curez desdites Frontieres, contenant comme lesdites choses y auront esté déchargées, usées & consommées, & non transportées hors de

France, à l'exception des Vins, dont sera parlé cy-aprés : Pour le regard desquels Vins, Veut & entend Sadite Majesté, que les Commis du Fermier les marquent d'un fer chaud, où il y aura une fleur de Lis, ou les roüaneront, à leur choix & option, en plusieurs douves des futailles ; lesquels Vaisseaux & futailles, lesdits Marchands & Habitans Proprietaires, & autres qui les auront pris par Acquit à caution, seront tenus & obligez, & par corps, de les exhiber & representer ausdits Commis, lors qu'ils feront leurs visites & les en requereront ; au défaut, dequoy lesdits Vins ou la valeur d'iceux, seront confisquez au profit desdits Fermiers, & les contrevenans condamnez en amende.

IX.

FAIT Sa Majesté défenses, sur les mesmes peines, à tous Marchands, Messagers, Maistres des Coches, Voituriers, Rouliers, & autres, d'enlever ny transporter des Marchandises & denrées des Villes & lieux où il y a des Bureaux establis, & mesme d'entrer ou passer de Province en Province, sans prendre un Passavant, ny d'approcher plus prés de la Frontiere des Païs estrangers, & Provinces, où ne sont establis lesdits Bureaux, que de quatre lieuës, sans estre Porteurs & garnis d'un Acquit à caution, qu'ils prendront aux premiers & plus proches Bureaux par où ils passeront, lequel ils representeront de Bureau en Bureau, & le laisseront au dernier, sans en abuser, sur semblables peines.

X.

ET parce que plusieurs Marchands, à dessein de frauder lesdits droits, font des Magazins & entreposts de quantité de Marchandises, aux Villes & lieux approchans des Frontieres des Païs estrangers, ou Provinces reputées telles, pour de là les transporter plus facilement à l'Estranger, ou aux susdites Provinces, sans rien payer: Sadite Majesté d'abondant fait & fait defenses à tous Marchands, leurs Facteurs ou autres, de faire aucuns Magazins ou entreposts de Marchandises & denrées au delà desdits Bureaux, ny plus proches des susdites Frontieres de quatre lieuës, sur semblables peines.

XI.

ET comme Sadite Majesté a une ample connoissance, ainsi qu'elle a fait voir par les Baux precedens des susdites Fermes, que les Officiers en titre sont non seulement inutils, mais de plus nuisibles

sibles au bien des susdites Fermes ; A fait & fait defenses à tous Juges & leurs Lieutenans, Receveurs, Controlleurs, Gardes & Greffiers, de s'entremettre en l'exercice desdites Charges, ny de s'imiscer en l'administration desdits droits, si ce n'est du gré & consentement desdits Fermiers.

XII.

Et afin que prompte Justice puisse estre faite de ceux qui seront surpris en fraude des susdits droits, & contreviendront aux susdits Edicts & Ordonnances ; Sadite Majesté veut & entend, qu'aussi-tost icelles fraudes & contraventions découvertes, que les Commis & Gardes desdits Fermiers en dressent sur le champ les procez verbaux de saisies veritables, ausquels ils feront signer ou interpelleront de signer les Parties saisies ; & ausquels Procez verbaux ainsi faits, Sa Majesté ordonne foy y estre adjoustée ; ce fait, & aussi-tost les porteront pardevant les premiers & plus proches Juges des lieux, ou pardevant tels autres que lesdits Fermiers voudront nommer & choisir, soit Juges Royaux, Graduez ou autres, à son choix & option ; lesquels à cause que lesdites fraudes aux susdits droits & contraventions ausdites Ordonnances, sont reputez autant de crimes ou delits, procederont sommairement & extraordinairement, & dans le plus bref temps que faire se pourra, au Jugement d'icelles saisies, & que les Sentences & Jugemens qui seront par eux rendus portans condamnation desdits droits, amendes & confiscations, seront executez par provision, nonobstant oppositions ou appellations quelconques, aux Cautions fournies par lesdits Fermiers pour l'execution de leurs Baux. Et pour le regard des Sentences criminelles, portant condamnation de peines afflictives seulement, sera differé à l'appel, si aucun est interjetté. Les appellations de toutes lesquelles Sentences & Jugemens ressortiront directement audit Conseil, avec defenses à toutes les Cours Souveraines, & autres Juges de ce Royaume, d'en prendre ny pretendre aucune connoissance, sur les peines qui y appartiennent.

XIII.

Lesdits Edicts & Ordonnances, voulans de tout temps que les Provinces de ce Royaume, qui sont, la Bretagne, la Guyenne, le Languedoc, Provence, Dauphiné, Metz, Thoul, Verdun, Limosin, Auvergne, la Marche, Combrailles, Angoumois, Perigord, Quercy, Forests, Beaujollois & autres, ou ne sont establis iceux Bureaux, & où ne se levent lesdits droits, soient & demeurent reputées & censées comme estrangeres, par ces raisons essentielles, que la pluspart des Habitans d'icelles trafiquent avec les Estrangers, & dans beaucoup de Provinces où ne sont, comme dit est, lesdits Bureaux establis, le tout sans rien payer; Sadite Majesté a ordonné que les susdites Provinces les souffriront, & en feront les establissemens aux Frontieres d'icelles qui bornent lesdits Païs estrangers, à leur poursuite & diligence, dans six mois du jourd'huy; sinon aprés ledit temps passé, que tout ce qui y sera transporté des Provinces qui ont receu lesdits Bureaux, ou en viendra en icelles, payera les susdits droits d'Entrée & de Sortie, comme si les Marchandises & denrées alloient ou venoient desdits Païs estrangers; & à ce défaut, que le tout sera saisi & confisqué, avec amende & dépens.

XIV. & dernier.

Et pour le regard des droits d'Entrée des drogueries & Espiceries, ordonnez estre levez és années 1545. & 1549 comme aussi les droits de la Traitte domaniale establis és années 1577. & 1580. & les Edicts & Ordonnances, qui portent defenses de transporter hors de France, l'or & l'argent, bagues, joyaux, & autres choses defenduës, ensemble ceux concernans la Doüane de Lyon, establis és années 1540. 1564 1566. & autres; Sadite Majesté veut & ordonne que les Edicts & Declarations d'icelles, soient gardées & observées, & executées de point en point, selon leur forme & teneur, avec défenses à toutes personnes d'y contrevenir, sur les peines y portées.

Fait au Conseil d'Estat du Roy, tenu à Fontainebleau le dernier jour de May mil six cens sept. Signé, FAYET.

DECLARATION DV ROY LOVIS XIII. Donnée à Coignac, le trentiéme Iuin 1621.

POVR LA LEVE'E DES DROITS DE TRAITTE & Impoſition foraine, Reſve ou Domaine forain, & Haut paſſage, Traitte domaniale & Droicts d'Entrée, ſur les Marchandiſes entrans & ſortans des Provinces de Bretagne, Poictou, Xaintonge, Guyenne, Languedoc, Provence, Dauphiné, Tholoſe, Bordeaux, Nantes, la Rochelle, Metz, Thoul, Verdun, Limoges, & autres Provinces, Villes & lieux où leſdits Droicts ne ſont perceuz.

Verifiée en la Cour des Aydes à Paris, le 20. Fevrier 1622.

OUIS par la Grace de Dieu, Roy de France & de Navarre : A tous ceux qui ces preſentes Lettres verront, Salut. ESTANT choſe bien reconnuë que les plus anciens revenus & droicts de noſtre Couronne, & dont nos predeceſſeurs Rois, & Nous, ayons pû faire eſtat pour ſubvenir aux grandes & immenſes dépences qu'il nous convient faire journellement pour la manutention d'icelles, ſont nos droicts de Traittes, Impoſitions foraine, Reſve, ou Domaine forain, & Haut-paſſage, qui ſe levent ſur toutes ſortes de danrées & Marchandiſes qui ſe tranſportent hors noſtre Royaume, ou au dedans d'iceluy par les Provinces où nos Aydes n'ont cours ; Les droicts de Traitte domaniale qui ſe levent ſur les Bleds, Vins, Toilles, & Paſtels, creus & chargez dans noſtredit Royaume, pour eſtre portez aux Païs eſtrangers, ou dedans les Provinces où leſdits droicts ne ſont eſtablis ; Et les droicts d'Entrée des groſſes danrées & Marchandiſes venans des païs estrangers entrans en nostredit Royaume, Païs, Terres & Seigneuries de nostre obeïssance ; Tous lesquels droicts sont maintenant appellez droicts d'Entrée & Sortie : Nosdits predecesseurs Rois & Nous, aurions fait plusieurs Edicts, Reglemens, & Arrests pour la perception & conservation d'iceux, lesquels ont esté executez, & les Bureaux establis en plusieurs Provinces de nostredit Royaume. Neantmoins nos Subjets de nos païs de Bretagne, Poictou, Xaintonge, Guyenne, Languedoc, Dauphiné, Bordeaux, la Rochelle, Nantes, Metz, Thoul, Verdun & Limoges, plûtost par opiniastreté que pour autre sujet legitime, auroient refusé l'establissement desdits Bureaux ; A quoy nosdits predecesseurs Rois & Nous, ne les ayans voulu contraindre, esperant que le temps les ameneroit d'eux mesmes à le desirer, tout ainsi qu'ont fait les Habitans de nostre Province de Bourgogne, lesquels ayans durant quelques années refusé ledit establissement, finalement l'auroient eux-mesmes demandé : Et cependant Nous serions contenté & d'ordonner par les Baux faits en nostredit Conseil de nosdits droicts, & par plusieurs Arrests & Reglemens, donnez en execution desdits Baux : Que nos droicts d'Entrée & Sortie, seroient payez & levez sur les Danrées & Marchandises qui entreroient & sortiroient desdites Provinces, Villes & lieux où lesdits Bureaux n'estoient establis, tout ainsi que si elles estoient portées en païs estrangers, ou que d'autres fussent apportées d'iceux, afin d'estre recompensez de la perte que nous faisons au moyen dudit refus, si mieux nos Subjets desdites Provinces, Villes & lieux, n'aimoient permettre ledit establissement, auquel cas ils en demeureroient déchargez; Ce qui a esté plainement executé en aucunes desdites Provinces où lesdits droicts se perçoivent sans aucun contredit : Et pour le regard des autres, le Fermier de nosdits droicts ayant negligé d'entretenir des Commis & gardes sur les limites d'icelles, estimant que la dépence excederoit la recepte ; Il s'est ensuivy un grand abus, perte & diminution de nosdits droits, d'autant que plusieurs Marchands pour se garantir du payement d'iceux, au lieu qu'ils avoient accoustumé de faire leurs achapts, entrer & sortir leurs Marchandises par les Provinces où nosdits droicts se percevoient, les font entrer & sortir par les Ports, Havres & passages des Provinces qui en sont refusantes : De sorte qu'au lieu que le prix du Bail de nosdits droicts devoit s'accroistre, veu que le commerce & traffic s'augmente de plus en plus, tant dedans que dehors nostre Royaume, nous le voyons diminuer de jour en jour, ayant la negligence desdits Fermiers donné un tel advantage aux Marchands traficquans, qu'à present ils estiment estre exempts du payement desdits droicts. Ce que nous avons reconnu depuis le Bail n'agueres fait à nostre cher & bien amé Maistre Jean de la-Grange, Secretaire de nostre Maison & Couronne de Navarre; lequel s'estant mis en devoir de reparer le mal & desordre que la negligence des precedens Fermiers y avoit apporté, il y auroit esté traversé par les Maistres & Gardes de la Marchandise de nostre bonne Ville de Paris, Maire, Eschevins & Habitans, & Marchands de nostre Ville de Tours, & par plusieurs Marchands de nos Villes de Tholose, Bordeaux, Roüen & Paris, mesmes par ceux de nostre Province de Picardie, pretendans iceux n'estre subjets de payer nosdits droits, pour les Marchandises qu'ils font entrer & sortir desdites Provinces, Villes & lieux où lesdits Bureaux ne sont establis. Surquoy ont esté donnez plusieurs Arrests, tant en nostredit Conseil d'Estat, qu'en nostre Cour des Aydes de Normandie. Par lesquels a esté ordonné, Que lesdits droits seront payez, tant & si longuement que les Habitans desdites Provinces seront en demeure de souffrir l'establissement desdits Bureaux: Et à cét effet, que ledit de la Grange establiroit sesdits Bureaux sur les limites d'icelles, aux lieux où ils n'ont encore esté establis. A quoy desirant estre promptement procedé, & qu'à l'advenir il n'y soit plus contrevenu par lesdits Marchands, ny usé de negligence, ny connivence par lesdits Fermiers, & par ce moyen mettre la Ferme de nosdits droits en son premier estat & valeur. SÇAVOIR FAISONS, qu'aprés avoir fait voir à nostre Conseil les Edicts & Ordonnances faites pour la perception de nosdits droits de Traitte foraine, des années 1542. 43. 49 51. 56. & 81. Edict de nos Traittes domaniales de l'année 1577. & Declaration sur iceluy de l'an 1580. Edict & Declaration pour les droits d'Entrée des années 81. 82. Baux des Cinq grosses Fermes, faits à Maître Charles du Ham, & Vrbain de la Motte, Pierre de la Sabliere, & Maistre Iean de la Grange. Les Arrests de verification d'iceux en nostre Cour des Aydes de Paris, Arrests de nostre Conseil d'Estat des 25. Septembre 1612. 11. Mars, & 7. Novembre 1620. & les Arrests de nostre Cour des Aydes de Normandie du 30. Janvier dernier : Et sur ce meurement deliberé en iceluy. De l'Avis de nostre Conseil, AVONS DIT, declaré, & ordonné, DISONS, declarons, & ordonnons par ces presentes, Que les Bureaux seront establis aux extrémitez de nos Provinces de Bretagne, Poictou, Guyenne, Xaintonge, Languedoc, Provence, Dauphiné, Tholose, Limoges, Bordeaux, la Rochelle, Nantes, Metz, Thoul, Verdun & autres Provinces & Villes Frontieres où ils ne sont establis, pour y recevoir les droits de Traitte & Imposition foraine, Resve & Haut-passage sur les danrées & Marchandises y sujettes, sortant de nostre Royaume pour estre portées és Païs estrangers, & les droits d'Entrée sur les danrées & Marchandises venans des Païs estrangers, entrans dans nostredit Royaume, Païs, & Terres de nostre obeïssance, conformément à nosdits Edicts, Declarations, Arrests & Reglemens donnez pour la perception desdits droits. Et cependant en attendant que nos Subjets desdites Provinces ayent souffert l'establissement desdits Bureaux ; voulans pourvoir à ce que nos droits ne soient fraudez, & donner moyen aux Marchands de traficquer & negocier en toute liberté de Province en Province, mesmes en celles où lesdits Bureaux ne sont establis : NOUS ordonnons, que nosdits droits d'Entrée seront levez & cueillis sur les danrées & Marchandises qui sortiront desdites Provinces de Bretagne, Poictou, Xaintonge, Guyenne, Languedoc, Provence, Dauphiné, Tholose, Limoges, Bordeaux, Nantes, la Rochelle, Metz, Thoul & Verdun, pour estre portées dans lesdites Provinces de Normandie, Picardie, Champagne, & Bourgogne, Paris, Orleans, Tours, & autres Provinces & Villes de nostre Royaume : Tout ainsi que si directement elles venoient de Païs estrangers, & nos droits de Traitte foraine, Resve & Haut-passage & Traitte domaniale, seront aussi levez & payez sur les Marchandises & danrées qui seront chargées, tant en nosdites Provinces de Normandie, Picardie, Champagne, Bourgogne, Paris, Orleans, Tours & autres Villes & Provinces de nostredit Royaume, pour estre portées aux susdites Provinces, de mesme que si elles estoient portées en Païs estranger. Et seront lesdits droits payez & acquittez sur lesdites Marchandises, declarées & specifiées par le Roolle & estat arresté en nostre Conseil, & cy-attaché sous le seel de nostre Chancellerie, dont nous avons voulu excepter aucunes desdites Marchandises, particulierement ſpecifiées en un autre eſtat, auſſi arreſté en noſtre Conſeil, & cy-attaché, pour de tout eſtre fait & dreſſé Tableau, qui ſera publié & apposé à chacun deſdits Bureaux, pour eſtre veus & communiquez à tous qu'il appartiendra, à ce qu'aucun n'en pretende cauſe d'ignorance. Et à cét effet, le Fermier deſdits droits eſtablira ſes Bureaux & Commis en tous les lieux & endroits qu'il jugera neceſſaire à l'Entrée & Sortie deſdites Provinces, pour la conſervation deſdits droits & commodité des Marchands : Deſquels droits ils ſeront & demeureront quittes & déchargez, incontinent qu'ils auront ſouffert l'eſtabliſſement deſdits Bureaux. FAISANS tres-expreſſes inhibitions & defences à tous Marchands, Voicturiers, Roulliers, Meſſagers & autres, de paſſer par autres lieux que ceux où ſont eſtablis leſdits Bureaux, ny contrevenir auſdits Edicts, Ordonnances & Reglemens ſur les peines portées par iceux. VOULONS que leſdits Commis & Gardes de noſtredit Fermier, demeurent en la protection & ſauvegarde des Maire, Eſchevins & Conſuls des Villes & lieux où ſeront leſdits Bureaux, & défendons à toutes perſonnes de leur méfaire, médire, troubler, ny empeſcher en l'exercice de leur Commiſſion. SI DONNONS EN MANDEMENT à nos amez & feaux Conſeillers, les Gens tenans noſtre Cour des Aydes à Paris, Preſidens & Treſoriers generaux de France des Generalitez de noſtre Royaume où leſdits droits ſe doivent lever, Que ces preſentes ils faſſent lire, publier & Regiſtrer par tout où beſoin ſera, & le contenu en icelles, enſemble noſdits Edicts, Ordonnances, Reglemens & Arreſts, garder, obſerver & entretenir de point en point ſelon leur forme & teneur : CAR tel eſt noſtre plaiſir : En témoin dequoy nous avons fait mettre noſtre ſcel à ſeſdites preſentes. DONNÉ à Coignac, le trentiéme jour de Juin, l'an de Grace mil ſix cens vingt-un : Et de noſtre Regne le douziéme. Signé ſur le reply, Par le Roy en ſon Conſeil BARDEAV. Et ſcellées du grand Sceau de cire jaune, ſur double queuë. Et à coſté ſur ledit reply eſt écrit.

Regiſtrées en la Cour des Aydes, oüy le Procureur general du Roy, pour eſtre gardées & obſervées ſelon ſa forme & teneur, ſuivant & aux charges portées par l'Arreſt de ladite Cour du jourd'huy. A Paris le vingtiéme jour de Fevrier 1622. Signé PAVLMIER, & ſcellées.

EXTRAICT DES REGISTRES De la Cour des Aydes.

VEV par la Cour, les Lettres Patentes du Roy, données à Coignac le trentiéme jour de Juin 1621. signées par le Roy en son Conseil Bardeau. Et scellées sur double queuë du grand Sceau de cire jaune. Par lesquelles & pour les causes y contenuës, Sadite Majesté aprés avoir fait voir en son Conseil les Edicts & Ordonnances faites pour la perception de ses droits de Traitte foraine des années 1542. 43. 49. 51. 55. & 81. Edict des Traittes domaniales de l'année 77. Declaration sur iceluy de l'an 81. 82. Baux des Cinq grosses Fermes, faits à Maistres Charles du Ham, & Vrbain de la Mothe, Pierre de la Sabliere, & Maistre Jean Delagrange. Les Arrests de verification d'iceux en ladite Cour. Arrest du Conseil d'Estat, des 27. Septembre 1612. 11. Mars & 7. Novembre 1620. de l'advis de sondit Conseil, auroit dit & declaré par lesdites Lettres, Que les Bureaux seroient establis aux extrémitez des Provinces de Bretagne, Poictou, Guyenne, Xaintonge, Languedoc, Provence, Dauphiné, Tholose, Limoges, Bordeaux, la Rochelle, Nantes, Metz, Thoul, Verdun & autres Provinces & Villes frontieres, où ils ne sont establis, pour y recevoir les droits de Traittes & Impositions foraines, Resve, & Haut-passage, sur les danrées & Marchandises y subjettes, sortans du Royaume pour estre portées en Païs estrangers, & les droits d'Entrée sur les danrées & Marchandises venans des Païs estrangers, entrans dans ledit Royaume, Païs & Terres de son obeïssance, conformément aux Edicts, Declarations, Arrests & Reglemens donnez pour la perception desdits droits; Et cependant, en attendant que lesdites Provinces ayent souffert l'establissement desdits Bureaux: Veut Sadite Majesté pourvoir à ce que ses droits ne soient fraudez, & donner moyen aux Marchands de traficquer & negocier en toute liberté de Province en Province, mesmes en celles où lesdits Bureaux ne sont establis. Veut que lesdits

lesdits droits d'Entrée soient levez & cueillis sur les danrées & Marchandises qui sortiront desdites Provinces de Bretagne, Poictou, Xaintonge, Guyenne, Languedoc, Provence, Dauphiné, Tholose, Limoges, Bordeaux, Nantes, la Rochelle, Metz, Thoul & Verdun, pour estre portées dans lesdites Provinces de Normandie, Picardie, Champagne & Bourgogne, Paris, Orleans, Tours & autres Provinces & Villes du Royaume, tout ainsi que si directement elles venoient de Pais estrangers, & les droits de Traittes foraine, Resve & Haut-passage, & Traittes domaniales soient aussi levez & payez sur les Marchandises & danrées qui seront chargées, tant ausdites Provinces de Normandie, Picardie, Champagne, Bourgogne, Paris, Orleans, Tours & autres Villes & Provinces du Royaume, pour estre portées aux susdites Provinces, de mesmes que si elles estoient portées en Pais estrangers. Et seront lesdits droits payez & acquittez sur les Marchandises declarées & specifiées par le Roolle & Estat arresté au Conseil, & attaché ausdites Lettres sous le contre-scel de la Chancellerie, dont sadite Majesté a voulu excepter aucunes desdites Marchandises, specifiées particulierement en un autre Estat aussi arresté audit Conseil, & attaché ausdites Lettres sous le contre-scel, pour du tout estre fait & dressé Tableau, qui sera publié & apposé à chacun desdits Bureaux, pour estre veus & communiquez à tous qu'il appartiendra: Et à cét effet, le Fermier establira ses Bureaux & Commis, en tous les lieux & endroits qu'il jugera necessaire à l'Entrée & Sortie desdites Provinces, pour la conservation desdits droits, & commodité des Marchands: desquels droits ils seront & demeureront quittes & déchargez, incontinent qu'ils auront souffert l'establissement desdits Bureaux. Et outre mande Sadite Majesté à la Cour, que lesdites Letttres elle fasse lire, publier & Registrer par tout où besoin sera, & le contenu en icelles; ensemble lesdits Edicts & Ordonnances, Reglemens & Arrests garder, observer & entretenir de poinct en poinct, selon leur forme & teneur. VEU aussi lesdits Estats & Roolle arrestez audit Conseil ledit jour 30. Juin 1621. Signé Bardeau. Requeste presentée par ledit Sieur Delagrange Fermier desdites Cinq grosses Fermes de France, à ladite Cour, afin de Verification desdites Lettres, ensemble les susdits Edicts, Declarations, Arrests & Bail desdites Fermes. Conclusions du Procureur general du Roy, & tout consideré. LA COUR, A or-

I

donné & ordonne que lesdites Lettres, & Estats seront Registrez au Greffe d'icelle, pour estre gardez & observez selon sa forme & teneur, sauf en ce qui concerne les Marchandises mentionnées par ledit Estat du 30. Juin 1621. lesquelles auroient lieu, & seront executées par provision, sans prejudice aux Marchands traficquans desdites Marchandises & danrées, à se pourvoir s'il y eschet en ladite Cour, s'ils pretendent lesdites Marchandises estre à trop haut prix, pour l'adjudicataire desdites Cinq grosses Fermes appellé, estre procedé en ladite Cour à la moderation desdites estimations : Ordonne ladite Cour, que le present Arrest sera inseré au bas du Tableau qui sera affiché és Bureaux desdites Traittes. Et a fait & fait inhibitions & defences d'imprimer ou faire imprimer lesdites Lettres & estat sans le present Arrest. PRONONCE' le vingtiéme jour de Fevrier mil six cens vingt-deux. Signé PAULMIER.

Collationné aux Originaux, par moy Conseiller, Secretaire du Roy, Maison, Couronne de France & de ses Finances.

REGLEMENT

FAIT PAR LE FERMIER GENERAL Des Cinq grosses Fermes de France, & autres y jointes.

Pour la Charge & fonction de chacun des Commis preposez aux Bureaux desdites Fermes establis en la Province de à la perception & conservation des droits de Doüane, Imposition Foraine, & Traitte Domaniale, deus sur les Marchandises qui sortiront de ladite Province, pour aller hors le Royaume, où és Provinces & Villes, où les Bureaux desdites Fermes ne sont establis; Et des droits d'Entrée sur celles qui entreront en ladite Prouince, venans des Païs estrangers, ou des Provinces & Villes de ce Royaume, ou lesdits Bureaux ne sont establis.

PREMIEREMENT.

Aux Bureaux esquels y a plusieurs Commis.

Receveur & Controlleur.

LE Receveur residera au lieu où est estably le Bureau, pour y recevoir les Declarations des Marchandises, qui par ledit Bureau & lieux en dépendans, entreront & sortiront, venans ou allans comme dit est; dans lesquelles Declarations il fera employer par les Marchands, Voituriers, Porteurs ou Conducteurs des Marchandises, la qualité, nombre ou poids d'icelles, & les fera par eux signer veritables; sçavoir, celles qui seront pour l'Entrée, dans son Registre de Recepte des droits d'Entrée ; & celles qui seront pour la Sortie, dans son Registre de Recepte des droits de Sortie ; le tout en presence du Controlleur Commis audit Bureau, lequel à cette fin se trouvera journellement en iceluy, pour y recevoir lesdites Declarations avec ledit Receveur, & les enregistrera au mesme temps en ses Registres avant que d'en signer avec ledit Receveur les Acquits ou Congez.

Aprés lesquelles Declarations faites & signées, ou marquées au Registre du Receveur, & registrées en celuy du Controlleur, lesdits Receveur & Controlleur feront apporter lesdites Marchandises au Bureau, pour y estre veuës, visitées, pesées & nombrées en leur presence, par les Visiteur & Peseur, pour en cas de fraude ou déguisement, en poursuivre la confiscation en Justice.

Le Receveur percevra les droits qui seront deubs, suivant le Tarif & Ordonnance du Roy, sur le fait desdits droits, en expediera aussi-tost aux Marchands, Voituriers ou Conducteurs, ses Acquits en bonne & deuë forme avec le Controlleur, & non seul, sinon en cas de maladie, ou que ledit Controlleur fust absent de la Ville pour cause legitime.

Les Receveur & Controlleur retiendront tous les Acquits de payement qui viendront des autres Bureaux, & (si c'est pour passer outre) au lieu d'iceux, ils bailleront aux Marchands Voituriers, ou autres Porteurs desdits Acquits, des Passavans dont lesdits Receveur & Controlleur feront Registre, dans lesquels Passavans tout le contenu en l'Acquit retenu sera specifié par le menu, mesme les datte & signature d'iceluy, & feront signer audit Registre, par lesdits Marchands, Voituriers ou Conducteurs, la Reception du Passavant : Comme aussi, l'Acquit retenu sera paraphé ou marqué par celuy qui les mettra és mains desdits Receveur & Controlleur.

Pour les Marchandises qui seront apportées audit Bureau, afin d'y estre debitées, venans des autres Bureaux de ladite Province de & de ceux des Provinces de lesdits Receveur & Controlleur se feront representer les Acquits qui en auront esté expediez au Bureau d'où elles viendront, & si ce sont Passe-ports, les bailleront à l'un des Gardes dudit Bureau, pour en aller voir la décharge, qui la certifiera au dos desdits Passe-ports, & les rendra ausdits Receveur & Controlleur, pour les laisser en liasse à part audit Bureau, afin d'y avoir recours quand besoin sera; Et si ce sont Acquits à Caution qui viennent desdits autres Bureaux, lesdits Receveur & Controlleur en tiendront Registre à part, appellé Registre des décharges, auquel ils registreront par le menu tout ce que lesdits Acquits à Caution contiendront, le datte d'iceux, de qui signez, & le jour qui leur auront esté presentez: Comme aussi, ils mettront au marge d'iceux Acquits à Caution, le jour de ladite presentation au Bureau; Et aprés que ledit Visiteur aura vû & visité les Marchandises y contenuës, ou pour son absence, l'un ou deux desdits Gardes & non autrement, lesdits Receveur & Controlleur certifieront sur le dos desdits Acquits, comme les Marchandises auront esté déchargées en leur Bureau, & les rendront à ceux qui les auront baillez.

Pour les Marchandises qui seront chargées audit Bureau pour estre portées ausdits autres Bureaux, lesdits Receveur & Controlleur delivreront les Acquits ou Passe-ports necessaires, à sçavoir, quand les Marchandises devront au dessous de soixante sols de droits de Sortie, bailleront seulement un Passe-port; & si elles doivent au dessus, expedieront un Acquit à Caution, le tout en la forme prescrite par les Ordonnances du Roy; desquels Acquits à Caution ils tiendront Registre à part, & y feront signer par ceux qui interviendront Caution des Marchands ou Voituriers desdites Marchandises, les submissions qu'ils feront de rapporter dans le temps qui leur sera donné, lesdits Acquits deuëment dossez de la décharge faite desdites Marchandises au lieu & Bureau designé: Tiendront aussi Registre a part desdits Passe-ports.

Quand lesdits Acquits à Caution leur seront rapportez dans ledit temps, dossez de la décharge desdites Marchandises, par les Commis du Bureau, pour lequel ils auront esté expediez, & non autrement, lesdites submissions seront déchargées, & le seing de la Caution biffé, & sera cotté en marge de ladite submission par l'un desdits Receveur & Controlleur, le jour que l'Acquit leur aura esté rapporté, par qui, ensemble le datte & signature de l'endossement d'iceluy.

Mais si lesdits Acquits à Caution ne leur sont rapportez dans le temps prefix, deuëment dossez de la décharge des Marchandises y contenuës, iceux Receveur & Controlleur incontinent aprés ledit temps expiré, contraindront comme pour deniers Royaux, les Cautions au payement des droits de Sortie desdites Marchandises contenuë en leurs submissions, & outre les poursuivront en Justice à la condamnation d'amende, le tout à peine d'en répondre en leurs propres & privez noms.

Et s'il se trouve que lesdites Marchandises sortent sous pretexte dudit Acquit à Caution, ils poursuivront lesdites Cautions, sçavoir, pour la premiere fois, à la condamnation du quatruple des droits qui en seront deubs & à l'amende, & pour la seconde fois, à la condamnation de la valeur & estimation desdites Marchandises, suivant l Ordonnance.

Et si aucunes des Marchandises estrangeres, qui auront payé les droits d'Entrée audit Bureau, sont par aprés portées en aucuns des autres susdits Bureaux, lesdits Receveur & Controlleur en expedieront les Passe-ports, dans lesquels ils employeront la somme qu'ils en auront receuë pour lesdits droits d'Entrée.

Lesdits Receveur & Controlleur envoyeront huit jours aprés chacun mois expiré, au Procureur ou Commis general desdites Fermes à Estat abregé de la Recepte qui aura esté faite audit Bureau durant iceluy, & quinze jours aprés au plus tard, enfin d'année luy envoyeront leurs Registres qu'ils signeront & certifieront veritables, entiers & complets, à peine du quatruple, & autres peines de l'Ordonnance, mesme ledit Receveur luy fera tenir aux temps & termes susdits, tous les deniers de sadite Recepte par chacun mois, & plûtoist s'il en est requis.

Sera aussi par lesdits Receveur & Controlleur envoyé audit Commis general huit jours aprés chacun quartier, copie d'eux signée & certifiée du Registre des décharges des Acquits à Caution, venus des autres Bureaux au leur, durant ledit quartier, & pareille copie du Registre des Acquits à Caution par eux delivrez, durant ledit quartier : Comme aussi, copie des articles des Acquits à Caution par eux delivrez d'auprecedent, lesquels durant ledit quartier on leur aura rapporté dossez de la décharge, & au marge desquels articles sera en ladite copie inserée la décharge d'iceux, ainsi qu'elle aura esté mise au marge de leurdit Registre.

Peſeur & Viſiteur.

LES Peſeur & Viſiteur ſe rendront journellement au Bureau, pour y faire les comptes, nombres, poids, & viſites qui ſeront neceſſaires; Et ledit Viſiteur ſe transportera ſouvent dans les Vaiſſeaux, avec un Garde, pour reconnoiſtre (à meſure qu'ils ſe chargeront ou déchargeront, meſme au temps de leur partement) s'il y aura eſté chargé d'autres Marchandiſes que celles declarées & dont l'on aura pris Acquit, pour en ce cas en pourſuivre la confiſcation, comme deſſus; & de tout ce qu'ils feront tiendront Regiſtre, pour eſtre repreſenté toutesfois & quantes qu'il plaira audit ſieur Fermier, ou à ſon Procureur general en ladite Province.

Gardes.

LES Gardes Commis audit Bureau, ſe trouveront auſſi journellement en iceluy, pour y recevoir les commandemens deſdits Receveur & Controlleur, qui les envoyeront faire venir audit Bureau, les Marchandiſes qui ſeront déchargées des Vaiſſeaux venans des Provinces eſtrangeres, & de celles de ce Royaume eſquelles les Bureaux deſdites Fermes ne ſont eſtablis; Et pour tenir le compte & nombre des grains, & autres Marchandiſes qui ſeront chargées pour ſortir hors par les Ports & Havres, ou autres endroits du reſſort dudit Bureau, chacun deſquels Gardes rapportera certification de tout ce qui ſe ſera chargé aux Vaiſſeaux, dont la garde luy aura eſté baillée.

Prendront ſoigneuſement garde aux Marchandiſes qui s'enleveront dudit Bureau, ou s'y apporteront par Acquits à Caution, viſitant exactement icelles, & s'en faiſant repreſenter les Acquits, pour éviter aux fraudes; & ainſi des Marchandiſes qui y ſeront apportées ou enlevées d'iceluy par Paſſeports ſimples, pour eſtre portées és autres Bureaux deſdites Fermes.

Leſquels Gardes feront continuelle reſidence, depuis porte ouvrante juſques à fermante, és Quais, Portes, ou autres lieux qui leur ſeront deſignez (pour l'exercice de leurs Charges) par les Receveur & Controlleur; & és Bureaux eſquels y a pluſieurs Gardes, aucun d'eux ne pourra (meſme en cas de neceſſité & heures de repas) deſemparer le lieu à luy deſigné, comme dit eſt, ſans au prealable avoir en ſa place ſubſtitué un des autres Gardes, lequel Garde subſtitué ſera tenu à meſme ordre, le tout à peine de revocation, perte de leurs gages, & d'eſtre tenus des intereſts dudit Fermier.

Tous Commis.

TOutes Marchandiſes qui ſeront trouvées par leſdits Commis, ſans eſtre accompagnées d'Acquit ou Paſſavant pour les droits deſdites Fermes, ſeront arreſtées & miſes en Juſtice pour en pourſuivre l'amende ou confiſcation, ainſi qu'il appartiendra; & s'il ſe trouve que le Marchand ou Voiturier en ait laiſſé l'Acquit en quelque Bureau, & que le Commis d'iceluy ne luy en aye voulu bailler Paſſavant, le Marchand, Voiturier ou Conducteur aura recours de tout ce qui luy en couſtera, ſur le Commis qui aura retenu ſon Acquit, ſans luy en avoir baillé Paſſavant.

Tous leſdits Commis empeſcheront qu'il ſe charge ny décharge aucune Marchandiſe audit Bureau & dépendances d'iceluy, pour entrer ou ſortir comme deſſus, ſans qu'au prealable Declaration veritable en ait eſté faite & ſignée ſur le Regiſtre du Receveur, & que par luy & le Controlleur ait eſté delivré Congé d'icelle Marchandiſe déchargée, ou Acquit pour les droits d'Entrée d'icelle.

Empeſcheront pareillement qu'il ſoit apporté par ledit Bureau, & dépendances d'iceluy, aucune choſe dont l'Entrée eſt défenduë en ce Royaume, ny tranſporté par iceluy aucun Or & Argent monnoyé ou non monnoyé, bagues, joyaux, & autres choſes prohibées & défenduës par les Edicts & Ordonnances du Roy, deſquels trouvant, ils les ſaiſiront & arreſteront en la main de ſa Majeſté, & en pourſuivront pardevant Monſieur le Maiſtre des Ports, ou ſon Lieutenant audit Bureau, la confiſcation & amende, ſuivant leſdits Edicts & Ordonnances, & à cette fin luy en preſenteront leurs procez verbaux de ſaiſie incontinent aprés icelle faite.

Et parce qu'il n'y a pas de Lieutenant dudit Sieur Maiſtre des Ports en aucuns Bureaux, Havres & Paſſages de ladite Province, les Commis d'iceux pourront, quand le cas requerra, faire les approchemens & rapports pardevant celuy du plus prochain Bureau.

Et où il arriveroit qu'aucuns Gouverneurs de Provinces, ou particuliers des Villes & Places où ſont eſtablis les Bureaux deſdites Traittes, leurs Lieutenans, Capitaines y tenans Garniſon, ou autres

autres de quelques conditions qu'ils soient, se voulussent immisser du fait desdites Traittes, soit en donnant Passe-ports, main-levées de choses saisies, ou autres Actes prejudiciables au Fermier; Les Commis leur feront voir l'Articles CCCLX. du Bail des Fermes Royales unies, fait à Me François le Gendre, & autres Articles des Baux des Cinq grosses Fermes, precedens, & les supplieront d'y vouloir de- deferer; & en cas de refus, en dresseront leurs procez verbaux en la meilleure forme qu'il leur sera possible, qu'ils envoyeront au Fermier general à Paris, pour se pourvoir sur iceux au Conseil du Roy.

Aux Bureaux esquels n'y aura qu'un Receveur & Controlleur.

Le Receveur fera la Charge de Receveur Calculeur.

Et le Controlleur fera tout ce qui est des Charges de Controlleur, Peseur, Visiteur, & Garde.

Et aux Passages où il n'y aura qu'un Receveur Garde.

Iceluy Receveur Garde fera toutes les susdites Charges.

TOUTES lesquelles Charges, tant d'un Bureau que d'autres, seront bien & fidellement exercées par tous ceux qui y seront Commis par ledit Sieur Fermier; En la fonction desquelles ils se comporteront & gouverneront, suivant les Edicts & Ordonnances du Roy, & Reglemens faits sur la perception desdits droits, sans prendre ny exiger des Marchands ou Voituriers aucune chose que ce qui est legitimément deub par les Ordonnances & Pancartes de sa Majesté, à peine de répondre en leurs propres & privez noms, des exactions, abus & malversations qui s'y pourroient commettre, chacun pour son fait & regard : A l'exception neantmoins de Cinq sols de chaque Acquit de Payement, ou à Caution, & des décharges desdits Acquits, suivant le XLI. Article dudit Bail de Me François le Gendre, & autres Articles des precedens Baux.

Ensuivent les formulaires des Declarations pour la Sortie & pour l'Entrée, tant par Mer que par Terre, des Submissions de Cautions, Emargement desdites submissions, Registremens des décharges des Marchandises venant par Acquit à Caution, Tassavans, & Registremens d'iceux.

Declaration de Sortie par Mer.

Du tel jour.

Tel, declare faire presentement charger au Navire nommé tel, d'un tel lieu, Maistre tel, telle quantité & qualité de Marchandises, pour porter en tel lieu, dont il a payé pour les droits de Sortie, la somme de tant, cy

Par Terre.

Tel, declare faire presentement charger sur deux Chevaux, telle quantité & qualité de Marchandises, pour porter en tel lieu, dont il a payé pour les droits de Sortie la somme de tant, cy

Declaration de l'Entrée par Mer.

Du tel jour.

Tel, declare vouloir faire décharger du Navire nommé tel, d'un tel lieu, Maistre tel, telle quantité & qualité de Marchandises, dont il a payé pour les droits d'Entrée, la somme de tant, cy

Par Terre.

Du tel jour.

Tel, declare faire entrer presentement sur deux Chevaux, telle quantité & qualité de Marchandises, venant d un tel lieu, dont il a payé pour les droits d'Entrée, la somme de tant, cy

---

Declarations & Submissions des Cautions.

Du tel jour.

Tel, a declaré faire charger au Navire nommé tel, d'un tel lieu, Maistre tel, telle qualité & quantité de Marchandises, pour porter en tel lieu, à la caution de tel, qui s'est submis de rapporter dans tel temps en ce Bureau, Certification signée

Décharge de la presente Submission, ainsi qu'elle doit estre mise au marge.

Le tel jour, tel an, Tel a rapporté le present Acquit, dossé de la décharge desdites Marchandises, au Bureau de tel lieu, du tel jour, signé tel & tel.

des Officiers Commis au Bureau dudit lieu, comme ladite Marchandise y aura esté déchargée & debitée sans fraude, autrement & ledit temps passé, chacun d'eux s'est submis de payer les droits de Sortie d'icelle Marchandise, encore qu'elle n'eust esté portée hors, outre l'amende au cas appartenant; En foy dequoy ils ont signé.

Registrement des Décharges, pour les Acquits à Caution, venans des autres Bureaux.

Du tel jour.

Tel, pour tel, a fait décharger du Navire nommé tel, d'un tel lieu, Maistre tel, telle quantité & qualité de Marchandises que ledit tel avoit chargé en tel lieu, à la caution de tel, pour décharger en ce lieu, suivant l'Acquit du tel jour, signé tel, & tel.

Forme d'Enregistrer les Passavans.

Du tel jour.

Tel, a laissé l'Acquit du tel jour, des Officiers du Bureau de tel lieu, signé tel & tel, de la somme de tant, pour les droits de Sortie de telle quantité & qualité de Marchandises, par luy chargées audit Bureau, sur deux Chevaux, pour porter en tel lieu, au lieu duquel luy a esté delivré Passavant, signé tel, datté du jourd'huy, contenant tout ce que dessus.

Forme desdits Passavans.

GARDES laissez passer pour tel, allant en tel lieu, telle quantité & qualité de Marchandise, sur deux Chevaux, dont il a payé pour les droits de Sortie, la somme de tant, suivant l'Acquit des Officiers d'un tel Bureau, du tel jour, signé tel & tel, demeuré en nos mains; Partant ne luy soit donné aucun empeschement. FAIT au Bureau des Traittes Foraines en tel lieu, le tel jour, tel an.

Formulaires des Estats ou Certificats, qui seront envoyez au Commis general, contenant la valeur du Bureau, durant

ESTAT abregé de la valeur & recepte des droits de Sortie & d'Entrée au Bureau
durant

PREMIEREMENT.

Les droits de Sortie, ont monté la somme de
cy

Les droits d'Entrée, la somme de cy

Amendes & confiscations, revenant net au Sieur Fermier pour ses deux tiers, la somme de cy

Somme totale.

FAIT & certifié veritable par
le jour de

Et parce qu'en aucuns petits Bureaux ou Passages peu hantez par les Marchands, il se passe tel mois & tel quartier, auquel il ne sort ou n'entre aucune Marchandise, ou bien n'y aura eu amende ny confiscation; En tel cas l'article faisant mention du droit dont n'aura esté rien receu, sera couché en cette sorte.

Droits de Sortie, neant, cy neant.

ou

Droits d'Entrée, neant, cy neant.

ou

Amendes & confiscations, neant, cy neant.

Et s'il n'est sorty ny entré aucune Marchandise, ny iugé aucun amende ny confiscation, sera fait le Certificat comme il ensuit.

NOUS sous-signez Commis à la Recepte & Controlle des droits de Sortie & d'Entrée dependans des Cinq grosses Fermes, au Bureau de Certifions à tous qu'il appartiendra, que durant tel mois ou tel quartier, il n'est sorty ny entré par ledit Bureau & dependances d'iceluy, aucune

Marchandise sujette ausdits droits, ny jugé aucune amende ny confiscation concernant iceux ; Et partant n'a esté receu aucune chose audit Bureau, durant ledit mois ou quartier, pour raison de ce que dessus. Fait à le jour d

---

Formulaire montrant comme doit estre faite, intitulée & certifiée la copie de l'Enregistrement des décharges des Marchandises venuës des autres Bureaux par Acquits à Caution, durant chacun quartier, laquelle copie sera envoyée enfin du quartier, au Commis general.

COpie du Registre auquel sont registrées toutes les décharges faites au Bureau des Cinq grosses Fermes, estably à pour les Marchandises y amenées & décenduës, lesquelles sont venuës des autres Bureaux desdites Fermes, par Acquits à Caution, durant tel quartier.

Du tel jour, tel an.

Tel, pour tel, a fait décharger du Navire nommé tel, d'un tel lieu, telle quantité & qualité de Marchandises, que ledit tel avoit fait charger en tel lieu, à la caution de tel, pour décharger en ce lieu, ou en tel lieu, suivant l'Acquit de tel jour, signé tel & tel.

NOvs sous-signez Commis à la Recepte & Controlle des droits desdites Fermes, au Bureau de Certifions la copie cy-dessus entiere & veritable, & que durant ledit quartier il n'a esté déchargé autre Marchandise à Caution audit Bureau & dependances. Fait à le jour de

Et si durant ledit quartier, il n'a esté déchargé aucunes Marchandises venuës des autres Bureaux par Acquits à Caution, sera envoyé un Certificat, comme il ensuit.

NOvs sous-signez Commis à la Recepte & Controlle des Cinq grosses Fermes, au Bureau estably à Certifions que durant tel quartier dernier, il n'a esté amené ny déchargé audit Bureau & dependances d'iceluy, aucune Marchandise qui soit venuë par Acquit à Caution des Bureaux desdites Fermes. Fait à le tel jour, tel an.

Autre formulaire montrant comment doit estre la copie & extrait du Registre, auquel sont faites les Submissions des Cautions pour les Marchandises transportées au Bureau de & autres Bureaux desdites Fermes durant chacun quartier.

EXtrait du Registre, auquel sont registrez les Acquits à Caution delivrez au Bureau de durant tel quartier du tel jour & an.

Et si durant ledit quartier, il n'a esté déchargé aucunes Marchandises, venuës des autres Bureaux par Acquits à Caution, sera envoyé un Certificat, comme il ensuit.

NOvs sous-signez Commis à la Recepte & Controlle des droits des Cinq grosses Fermes, au Bureau estably à Certifions que durant tel quartier dernier, il n'a esté amené ny déchargé audit Bureau, & dependances d'iceluy, aucune Marchandise qui soit venuë par Acquit à Caution des Bureaux desdites Fermes. Fait à le tel jour, tel an.

Autre formulaire, montrant comment doit estre la copie & extrait du Registre, auquel sont faites les Soumissions des Cautions, pour les Marchandises transportées du Bureau de & autres Bureaux desdites Fermes, durant chacun quartier.

EXtrait du Registre, auquel sont registrez les Acquits à Caution, delivrez au Bureau durant tel quartier.

Du tel jour & an.

Tel, pour tel, a chargé au Navire nommé tel, d'un tel lieu, Maistre tel, à la Caution de tel, telle quantité & qualité de Marchandise pour mener en tel lieu, & rapportera dans tel temps certification des Officiers d'un tel Bureau.

NOvs ſous ſignez Commis à la Recepte & Controlle deſdites Fermes, au Bureau
Certifions l'Extrait cy-deſſus entier & veritable, & que durant ledit quartier, il n'a eſté enlevé ny tranſporté autre Marchandiſe par Acquit à Caution dudit Bureau & dependances. Fait à
le tel jour, tel an.

Et ſi durant ledit quartier, il n'a eſté delivré aucun Acquit à Caution, ſera envoyé un Certificat, comme il enſuit:

NOvs ſous-ſignez Commis à la Recepte & Controlle des droits des Cinq groſſes Fermes, au Bureau eſtably à
Certifions que durant tel quartier dernier, il n'a eſté expedié ny delivré aucun Acquit à Caution audit Bureau. Fait à le tel jour, tel an.

Autre formulaire, montrant comment doit eſtre faite, intitulée & certifiee la copie ou extrait des Soumiſſions des Cautions qui auront eſté dechargées durant un quartier.

EXtrait de toutes les Submiſſions des Cautions, qui ont eſté déchargées au marge du Regiſtre d'icelles, au Bureau
durant tel quartier dernier.

Le tel jour & an, Tel, a rapporté le preſent Acquit, doſſé & certifié de la décharge de ladite Marchandiſe en tel Bureau, du tel jour, tel an, ledit endoſſement ou certificat, ſigné tel & tel.

du tel jour & an.
Tel pour tel a chargé au Navire nommé tel, d un tel lieu, M. tel. à la caution de tel, telle quantité & qualité de Marchandiſe pour mener en tel lieu, & doit rapporter dans tel temps, certification d'un tel Bureau.

NOvs ſous-ſignez Commis à la Recepte & Controlle des droits deſdites Fermes, au Bureau
Certifions l'Extrait cy-deſſus veritable, & que durant ledit quar-

tier, il n'a esté rapporté en ce Bureau autres Acquits signez de Nous, dossez & certifiez de la décharge des Marchandises y contenuës. Fait à le tel jour, tel an.

Et si durant ledit quartier, il n'a esté rapporté aucun Acquit à Caution audit Bureau, dossé & certifié des Officiers des autres Bureaux, sera envoyé certificat, comme il ensuit.

NOus sous-signez Commis à la Recepte & Controlle des droits des Cinq grosses Fermes, au Bureau estably à Certifions que durant tel quartier dernier, il n'a esté rapporté audit Bureau, aucun Acquit à Caution, dossé & certifié des Officiers des autres Bureaux desdites Fermes. Fait à le tel jour, tel an.

www.ingramcontent.com/pod-product-compliance
Lightning Source LLC
LaVergne TN
LVHW012353220826
846092LV00002B/542